전통과 보수의 나라 영국 3

영국 현대

차례
Contents

지속해서 변모를 꿈꾸는 나라 영국

2016년 6월, 브렉시트(Brexit: 영국의 EU 탈퇴) 여부를 묻는 국민투표는 1.9%의 차이로 가결되었고, 2차 투표 없이 수용되는 과정은 세계적 논란이 되었다. 영국 내각은 예상 밖의 브렉시트 국민투표 결과를 그대로 수용했고 새로운 내각을 구성해 정책을 실행하고 있다. 의외의 결과를 재투표도 없이 그대로 정책에 반영하는 것은 쉽게 이해되지 않는다.

영국의 유럽공동체(EU) 탈퇴 찬성 이유와 반대 이유는 무엇일까? 근소한 차이인데도 어떻게 정책 실행을 할 수 있었을까? 궁금증과 호기심으로 관련 정보와 서적을 모으고 정리하다보니, 한 권의 책이 되었다.

이 책은 현대의 영국에서 일어나는 현상을 간략하게 이해하고자 하는 시도로 시작되었다. 하지만 앞으로 더 많은 연구와 고찰을 유인하는 작업이 되기를 바란다.

영국은 18세기 산업혁명에 성공하면서 세계 산업을 주도하는 최초의 산업국가가 되었다. 생산을 위해서는 자원을 조달해야 했고, 생산품을 판매하기 위해서 판매처가 필요했다. 영국은 필요에 의해서 식민지 개척을 시작해 "해가 지지 않는 제국"을 건설했다.

실용주의적인 목적으로 시작된 식민지 개척은 당시 경제 기반을 형성하는 중요한 하부구조가 되었다. 백인의 우월성이나 영국의 제국주의적 자긍심도 영국민의 마음속에는 사라지지 않는 힘으로 남았다.

오늘날까지 "해가 지지 않는 나라(The empire on which the sun never sets), 대영제국"의 아우라는 지속하는 듯하다. 한때 영국은 24시간 동안 대영제국 어디를 가도 태양이 지지 않는, 넓은 식민지를 가진 거대한 제국을 형성했다.

빅토리아 여왕이 무굴제국을 무너뜨리고 인도를 식민지화하면서, 대영제국의 강력한 위상은 개인주의적 특성과 함께 영국민 깊숙이 내재해 있다.

19세기 말, 20세기 초가 되면서 영국은 혁신적인 기업 정신보다는 경영권 세습으로 기득권의 안정을 추구하게 된다.

자본주의 산업경제와 세습되는 경제체제의 문제점에 대한 사회적 인식이 확산되자 사회복지에서 해결책을 찾는다. 노동자 계급과 저소득 계급의 불만을 해소하기 위해 국가와 사회가 전폭적으로 보조하고 지원하는 사회주의 복지 정책이 세계 최초로 광범위하게 시작되었다.

제2차 세계대전 이후 전면적인 사회복지 정책을 실현하는 이 과정이야말로 영국의 현대적인 변모가 시작되는 시점이었을 것이다.

시대를 가르는 중요한 사건이 발생할 때, 영국이 어떤 선택을 했고, 정책에 어떻게 반영했는지 살펴보는 것은 역사적으로 중요한 의미가 있다. 세계의 계몽적 근대사를 이끌어온 영국의 다양한 경험에 현대적 열망과 시대적 함의를 부여할 수 있기 때문이다. 평범한 일반인의 공통된 경험이 집단적인 방향을 만들어내고, 사회제도와 시스템 깊숙이 들어서는 복지 정책으로 형성되었다.

그 제도와 시스템의 수혜를 받는 한 사람 한 사람이 유권자로서 현대 시스템의 변화 방향을 형성하고, 어떤 결정이 나든지 그것이 정책에 반영되는 민주주의 원칙을 철저하게 존중하는 방식이 함축되어 있다. 그것이 브렉시트 투표의 결과이고 그것을 수용하는 원칙주의적인 질서가 존재하는 곳이다. 국민적 결정이 방향을 제시하면, 정치는 최적의 정책을 탐색해 시행한다. 민주주의 원칙 속에서 지속해서 변모를 꿈꾸는 국가가 영국인 듯하다.

지금도 영국에는 제국주의의 잔흔과 근대성으로 요동치는 의식의 변화가 일어나고 있다. 다양한 의식을 가진 개개인의 결정이 국민의 뜻을 형성하고, 민주적인 결정을 내린다. 그리고 그 결정에 따라 영국은 어디론가 향해 가는 거대한 선박과 같다. 진퇴양난을 거듭하지만, 대다수 의견에 대한 존중만은 철두철미하게 지킨다. 이것이 영국 사회 바탕에 존재하는 안정감인 듯하다.

나는 이 책으로 과거와 미래의 경계에서 현대를 살아가는 한 개인의 고민이 그 한 사람만의 고민이 아님을 공감하고 싶다. 개인 개인이 모여 시대정신을 형성하고, 그런 중에도 다수의 의견을 존중하면서 어디론가 평화로이 진행하는 과정에서 민주주의가 실행됨을 공감하고 싶다. 시·공간적으로 멀리 떨어져 있어도, 영국이라는 사회의 현대적 고민이 오늘날 우리가 사는 이 사회에서 중요한 의미로 다가올 수 있을 것이라는 생각을 한다.

현대적 사건의 많은 부분은 영국의 유명 일간지와 서적을 참고했고, 한국 위키백과와 위키피디아, GOV.UK. 국립 보존 기록(The National Archives)을 찾아 확인하면서 글을 엮었다. 위키피디아 또는 위키백과의 참고인용을 모두 기재한다면 가독성을 해칠 수 있다는 판단 아래 미주(尾注)에 넣거나 일부 생략하기도 했음을 미리 양해의 말씀을 올린다.

부족한 정보와 지식을 메우고 다지는 과정에서 도움과 조언을 주었던 전공 교수님들과 재야 학자분들에게 감사의 말을 전한다. 또한 그동안 주말이 없던 나날을 말없이 밥 동지가 되어 외조를 아끼지 않았던 남편 권오형과 격려를 아끼지 않았던 아들 태현, 그리고 존경하는 부모님께 사랑과 존경을 바친다.

이 책의 출간을 위해 애써준 심만수 대표님과 교정과 편집의 손길을 아끼지 않았던 살림출판사의 모든 관계자에게 깊은 감사를 드린다.

단국대학교
연구실에서
김언조

제1장
제2차 세계대전 후 가난 극복

애틀리 노동당의 집권

　제2차 세계대전의 종전 후 영국은 사회·정치·경제 구조에 획기적인 전환점을 맞이한다. 1945년 5월 8일(V-E Day: 유럽 승전 기념일), 나치 독일이 무조건 항복하고 종전이 이루어질 때까지, 나치의 전체주의에 대항하기 위해 온 국민과 의회가 단결했다. 나치에 대항한 전쟁에서 승리하자, 전쟁의 여파로 처참한 상황에 처해 있으면서도 영국 국민에게는 자부심과 단결의 분위기가 드높았다.

　전시에 여성들은 전쟁 물자를 생산하는 공장으로 출근했다. 전쟁 전에는 가사 노동과 아이를 돌보는 것이 유일한 사회적 임무와 책임으로 인식되었지만, 남성의 군복무가 의무화되자 많은 남성이 전쟁터로 나갔다. 대신에 여성들은 엔지니어, 철공, 화학, 운송 산업의 인력으로 동원되었다. 여성들은 전쟁 이후에도 직업을 그만두지 않고 그대로 지속했다. 자연스럽게 여성의 경제적 계급 향상으로 여성 차별에 대한 인식이 생겨났다. 한편 1948년부터 영국 국적법(British Nationality Act)이 시행되어, 제한 없이 이민을 받아들였다. 다양한 출신의 사람들이 영국연방 시민 자격을 얻자, 영국은 다민족 다문화의 영연방 국가로 변모한다. 이처럼 영국은 전통적으로 통용되던 삶에 관한 많은 개념과 상식이, 좀 더 현대적인 방식으로 변화하면서 다양성을 수용하게 된다.

종전 후 1945년 전시 내각의 총리를 지냈던 윈스턴 처칠은 당시 대중적 인기가 최고조에 달했고, 가장 강력한 카리스마를 가진 지도자였다. 그러나 막상 투표 결과는 달랐다. 모두의 예상을 깨고 처칠이 아니라 노동당 클레멘트 애틀리(Clement Attlee)가 선거에서 압도적으로 승리한 것이다. 처칠의 선거 패배는 「가디언」지가 "정치적 지진"이라고 묘사될 만큼 영국 정치 역사상 가장 놀라운 일로 간주되고 있다. 「BBC」의 폴 에디슨 박사(Dr. Paul Addison)는 외골수였던 처칠이 전시에는 적합한 지도자 자질을 가졌지만, 평화가 도래하자 국내정치에 맞지 않을 것이라고 유권자가 인식한 것으로 풀이했다.

전시의 배급 제도와 일상적인 분배가 생활화되자 사회주의와 평등, 부의 불균등이 없어져야 한다고 의식되었다. 1942년에는 그 관심이 더욱 높아져 사회복지 운동으로 이어진다.

같은 해 전후의 궁핍을 극복하고 가난을 제거하기 위해서 사회정책을 제안했던 「베버리지 보고서(Beveridge Report)」가 윌리엄 베버리지(William Beveridge)에 의해서 제안되었다. 대중의 주목을 끌었지만, 처칠이 이에 소극적으로 대처한 것도 국민투표에서 실패한 원인으로 폴 에디슨 박사는 분석했다.

반면 애틀리는 「베버리지 보고서」에 입각한 복지 정책을 선거 공약으로 내세웠다. 노동당의 애틀리는 영국 중산 계급과 노동자 계급의 열렬한 지지를 얻었다. 애틀리의 노동당 내각은 이 시기에 중산 계급과 노동자 계급을 대변하는 제도를 수립했고 보편적인 복지 제도의 틀을 만들어 운영했다.

영국은 제2차 세계대전 중 1941년 미국의 무기 대여법(Lend-Lease)이 통과될 때까지, 전쟁에 필요한 항공기와 함선·신형 무기를 구하기 위해 국고를 소진했고, 많은 부채를 떠안았다.

1947년 인도가 독립할 당시 인도에 대한 부채가 13억 파운드에 달할 정도였다. 1946년 7월 미국에서 추가로 대출하여 해외 투자에 주력했지만 과도한 대출로 인해서 오히려 파운드 가치가 하락하면서 재정적 위기가 닥쳐온다. 당연히전시 내각은 영국민에게 극도의 내핍을 요구했다. 전후 1946~48년까지도 극심한 물자 부족으로 전쟁 때처럼 고기와 베이컨, 설탕 등에 대한 배급 제도를 그대로 실시했다. 생필품과 식료품을 구매한 후에 배급 통장에 도장을 받도록 해 1인당 1주일 동안 구매 물자 수를 제한하자, 모든 국민은 물자 부족과 가난 속에서 근검절약이 생활화되었다. 전시에 '애국 음식'으로 값싸게 공급되던 스팸은 전후에도 오랫동안 대량 공급되어 영국 국민의 주요 단백질 공급원이 되었다.

인류학자인 케이트 폭스의 『영국인의 발견』에 따르면, 영국인이 음식을 대하는 태도는 사랑 없는 결혼처럼 금욕주의 경향이 있다고 한다. 맛있는 요리에 대한 열정을 비웃는 경향과, 음식에 우선권을 두지 않는 점, 먹기 위해 살기보다는 살기 위해 먹는 지극히 영국적인 식습관 등은 오늘날까지 소비되는 스팸에서도 찾을 수 있다.

1945~50년까지 집권한 애틀리 정부는 오늘날 영국 내각에서 가장 위대한 정부로 기억된다. 국가가 영국인의 보건 서비스, 교육과 복지 구조를 바꾸고, 기반 산업을 국유화했고, 제2차 세계대전 후의 끔찍한 쇼크에서 생존할 수 있는 최소한의 경제 환경을 보장하도록 복지체계를 세웠기 때문이다.

애틀리는 1947년 인도·파키스탄이 독립하자, 제국주의 기반을 잃어가던 당시의 경제 변화 상황을 누구보다도 빨리 깨달았다. 따라서 영국의 경제 혼란을 안정화하기 위해서 국민에게 내핍을 호소했다. 영국은행·철도·석탄·가스·전신 전화·방송·민간항공·국내 운수·전력·의료 시설 등 중요한 기간산업을 국유화함으로써 생산 증강과 경제 자립을 적극 추진했다.

또한 전쟁으로 파괴된 지역의 생활 기반 시설을 정부 보조금으로 복구하고, 대규모 사회보장제도를 실시해, 궁핍하고 자립기반이 없는 국민의 최저생활을 보장하는 데 힘썼다.

세계대전 후 재정적 난관의
극복 노력

영국은 제2차 세계대전으로 엄청난 전쟁 비용과 전재(戰
災)를 복구해야 하는 부담을 떠안고 있었다. 더구나 전후에
식민지들이 독립하자 해외 원료 자산 및 판매 시장을 잃고
만다. 이는 지금까지 식민지 정책을 기반으로 했던 영국 경
제에 심각한 타격이 되었다. 애틀리 노동당 내각은 케인지
경제이론(Keynesian economics)에 따라 국가재정과 시장경제에
적극적으로 개입했다. 1836년 경제 공황 당시, 존 메이너드
케인스(John Maynard Keynes)는 완전고용의 가능성을 높이고
단기간의 재정적 어려움을 극복하기 위해 정부가 적극적으
로 개입해야 한다고 주장했다. 케인지 경제이론은 전후에도

설득력이 있었다. 전후는 경제 위기 상황으로 전체 소비량과 생산량이 다른 것은 당연하다. 이 시기에 경제적 안정을 위해서는 정부가 재정 정책이나 중앙은행의 통화 정책에 개입해 경제 안정화를 이룩해야 한다는 것이다.

영국 정부의 재정 정책 개입은 이전의 세이 법칙(Say's law: 공급은 스스로 수요를 창출한다)이나 애덤 스미스의 '보이지 않는 손'에 의해 시장이 자율적으로 조정된다고 믿는 자유방임주의의 경제원칙에 완전히 반대되는 개념이다. 1930년대 이후 민간과 기업인의 주도 아래 시장경제는 자유방임주의적인 구조였는데, 이것이 세계 대공황의 원인이라고 케인스는 생각했다.

자유방임경제는 사업체의 자본 독점과 공급과잉으로 이어져 대규모 실업을 불러일으켰고, 실업자의 시위운동, 기아 행진으로 이어져 대공황이 초래된 것이다. 케인스는 세습이나 상속으로 부를 확대하고, 이를 기반으로 단기수익을 올리는 금융자산 계급과 엘리트주의를 경멸했다. 그리고 기업의 세습주의가 자본주의 경제 위기를 일으키는 원인이라고 판단했다.

케인스는 단기적으로 발생하는 시장경제의 불균형에 정부가 거시적인 정책을 구상해, 적절하게 개입하는 '탈공황론'을 주장했다. 이에 애틀리 내각은 케인스의 의견을 적극적으로 수용했다.

경제 혼란은 제2차 세계대전 이후 극도에 달했다. 기업의
세습과 독점이 시장경제를 장악하자, 애틀리 내각은 1948년
독점금지법을 제정하고 배급 제도를 지속한다. 또한 영국 은
행·철도·운하·석탄·철강·가스·전신 전화 등 주요 기간산
업을 국유화하고 정부의 재정을 확보해 산업투자와 고용 확
대에 힘썼다.

1947년 노동당 정부는 장거리 화물자동차 운수·운하·항
만 시설과 함께 4개의 철도회사를 영국철도(British Railways)
로 통합해 국유화했다.

이때 석탄과 철도의 국유화로 약 200만 명 이상의 고용을
창출했다. 또한 노동자들의 구매력을 확대함으로써 혼합경
제정책(Mixed economy)을 실행했다.

높은 이윤을 누렸던 기간산업을 국유화하자 단기적으로
는 국가재정이 빠르게 회복되었고, 복지 산업과 고용 확대를
위한 투자가 가능해졌다. 그러나 장기적으로는 1960~70년
대에 고 비용 저 효율의 정책 변화로 대외적인 국가 경쟁
력을 상실하고, 노동력이 나태해지면서, 결국 영국병(British
disease)의 근본적인 원인을 제공한다. 철강 산업과 같은 경쟁
이 치열한 산업은 산업 경쟁력을 갖추기 위해서 다양한 분
야에서 현대화되고 끊임없이 개선되어야 한다. 당시 기간산

업 국유화는 생산 효율성과 가격경쟁보다 사회 전반의 평등한 발전에 기준을 두고 이윤 분배에 초점을 두었다. 따라서 석탄·철강과 같은 경쟁이 심한 산업에서 요구되는 즉각적인 대응, 가격경쟁, 효율적 생산 체계에서 대응하는 방식이 안일하고 느슨했다.

당시 기간산업의 국유화는 시대에 뒤떨어진 시스템 운용과 부적절한 시설 때문에 영국 경제를 침체시켰다. 이를 강행한 노동당이 지지 기반을 잃는 원인이 된다.

마셜 플랜(Marshall Plan)은 전후 여러 유럽 국가와 같이, 영국 경제 회복에 커다란 도움이 되었다.

미국이 자본주의 체제를 강화할 목적으로 1947년 트루먼 정권의 국무 장관 마셜(G.C. Marshall)이 경제적인 원조를 제안한다. 이 원조의 수락 여부가 미소 진영의 경계를 나눴다. 영국은 이 원조를 받아들였고 국가 경제 재건에 도움을 받는다.

1948년부터 1952년까지 마셜 플랜의 원조액이 최고치일 때는 미국 GNP의 2%에 도달할 정도로 경제원조가 이루어졌다. 영국을 포함한 많은 서유럽 국가는 당시에 전후 국가 재건을 위해 4년간의 유럽 부흥과 경제 회복 프로그램을 세웠고, 마셜 플랜을 이용해 저금리 대출이나 증여, 기술 지원을 받았다.

제2차 세계대전으로 영국의 손실은 컸지만 프랑스나 다른 유럽 국가처럼 큰 피해를 입지는 않았다. 오히려 영국 경제는 기간산업의 국유화와 마셜 플랜의 도움, 그리고 영연방 국가와의 수·출입 등으로 빠르게 재건되었다.

최초의 사회주의적 복지국가 정책

전후에 시민들은 가난과 혼란 속에 변화와 더 나은 삶을 갈망했다. 전시 투표의 결과는 압도적으로 노동당 편이었다. 국민적 갈망을 정치적 변화를 위한 힘을 만드는 데에는 「데일리 미러(Daily Mirror)」의 역할이 컸다.

애틀리는 내성적인 사무원의 이미지를 가지고 있었지만, 6년 동안 그의 정책은 급진적인 노동당의 목소리를 대변했다. 애틀리 노동당은 경제와 제조업의 통제를 시작으로 점차 국유화를 단행했다. 전후의 난국을 대처하기 위해 잉글랜드 은행을 비롯한 주요 기간산업을 국유화했고, 얻어진 재정으로 지방정부와 지방 산업에 투자해 완전고용을 달성한다.

또한 각종 사회보장제도를 채택함으로써 사회주의 복지국가 정책을 펼친다. 그러나 국유화 후 세부 정책은 사무적으로 실행되고, 노동당의 전문가와 비전문가 조언으로 만든 경제 정책은 원칙주의와 실용주의가 혼합되어 뒤범벅이 된다. 1951년 정권이 보수당에 넘어갔을 때 철강업의 국유화 해체 등 부분적인 변화는 있었다. 하지만 애틀리 노동당 정부의 사회주의적인 복지 정책의 기본 틀은 이후에도 상당부분 그대로 유지된다.

애틀리 노동당 정부가 설립된 후 실천해나갔던 복지 정책은 1942년 「베버리지 보고서」에 기반을 두고 있다. 이 「보고서」는 저임금과 대량 실업, 전후의 문제점과 국가 재정 문제, 사회보험, 사회복지를 국가가 주도적으로 개입해야 한다는 주장을 담고 있다. 사실 이 「보고서」는 제2차 세계대전 직후 처칠 정부 시기에 창설된 '사회보험제도에 관한 각 부처의 연락위원회(1941)'에 런던대학교 정경대학 교수였던 경제학자인 베버리지가 위원장으로 임명되면서, 1942년 처칠 정부에 제출한 「보고서」다.

이 「보고서」는 제2차 세계대전 후 참전 병사들과 시민의 사기를 올리고, 사회보장제도 구조의 효율성을 점검하고 개선할 것을 주장한다. 당파적인 이해가 아니라, 국가 재건과 국민들이 최저 수준을 영위할 수 있도록 지원하는 정책 제안이다. 이 「보고서」에서 빈곤, 불결, 무지, 나태, 질병이라는 다섯 가지의 '거대 악'의 종식을 알리기 위한 해결책을 목록으로 만든다.

빈곤은 연금으로, 질병은 건강보험으로, 무지는 교육으로, 불결은 주거개선 정책으로, 나태함은 완전고용으로 해결해야 하며, 이를 위해서 국가가 요람에서 무덤까지(from the cradle to the grave) 개입해야 한다고 주장한다. 「베버리지 보고서」의 기본 전제조건은 가족수당, 완전고용, 포괄적 의료 서비스를 확립하는 것이다. 「베버리지 보고서」에는 사회복지 보장을 위해 4가지 시행원칙을 정했다.

첫째, 균일한 생계급여를 주기 위해서 소득을 상실한 경우, 이전 소득액에 상관없이 보험급여의 액수가 동일해야 하고

둘째, 효율성과 경제성을 적용해 행정 체계를 일원화하고

셋째, 적용 인구 수와 욕구를 포괄적으로 포함하되

넷째, 지역사회 내의 다양한 삶의 양식을 고려해 적용 대상을 분류했다.

전쟁의 어려움에 처했던 국민들은 「베버리지 보고서」에 대해서 전폭적으로 환영하고 지지한다. 길이가 길고, 숫자로 가득 찬, 그림도 없는 「베버리지 보고서」가 출판되었을 때, 책을 사기 위해 줄을 길게 늘어설 정도였다. 한 달에 10만 부씩 최종 60만 부가 팔렸다. 그러나 보수당과 처칠 전시 내각

은 1942년 사회복지특별위원회를 조직하고, 1944년 임시 주거법(Housing Act)을 제정했다, 그러나 전반적으로 「베버리지 보고서」 내용을 실행할 여유가 없다고 생각해, 소극적으로 대처했다.

일반 대중과 노동자 계급은 처칠 보수 내각의 안일한 대처에 반발한다. 그리고 1945년 총선에서 애틀리의 노동당을 열렬히 지지하고 노동당은 대대적인 승리를 거둔다. 뜻밖의 승리를 한 애틀리 정부는 집권 후, 대선 승리의 원인이던 「베버리지 보고서」를 토대로 내세운 선거공약을 실천해나간다.

애틀리 노동당 내각은 집권 후, 광산 노조 출신의 아노이린 베번(Aneurin Bevan)과 힘을 합해, 사회주의적 복지보장 정책에 착수했다. 노동자 임금을 올리고 노동시간을 줄였으며, 노동조건을 개선했다. 그중에서도 특히 근무 환경과 안전문제를 개선했다. 국민의 최저생활 수준을 보장하기 위해 고용직업 훈련법, 소득 보장 정책을 확립하고, 각종 수당법(1945), 산업재해 보상법(1946), 국민 보험법(1946)을 채택했다. 1946년에는 국가적 보험법령(NIA: National Insurance Act)을 실행해, 국민들은 국가보험의 고정 요금만을 지급하고, 그 대가로 모든 피부양 가족은 고정비율의 연금, 질병 수당, 실업 수당, 장례 비용 수당의 자격을 갖게 되었다. 또한 미취학 아동, 정신질환, 분만, 장애, 노령, 남편 사망, 질병이 있는 가정의 최저

생활을 보장하기 위해서 각종 수당이나 서비스를 제공해 소득 보장 정책을 포괄적으로 시행했다. 특히 국민보건 서비스법(NHS, 1948)의 실시로, 정부가 시민을 '요람에서 무덤까지' 돌보는 의료 서비스가 무료로 실시되었다. 또한 처칠 내각에서 입안되었던 가족 수당 시행령이 1945년 애틀리 내각에서 실행되어, 가정 간병인 서비스(Home help service)가 시행되었다.

이 밖에도 아동 수당과 맹인, 광인, 극빈자 등 수입이 없는 사람을 위한 지원으로 국민 보조법(National Assistance Act, 1948)이 시행되었다.

1949년에는 실업, 질병, 출산의 경우 세금이 면제되었다. 의무 교육도 확대해, 1947년에는 학교를 떠나는 나이를 15세로 늘렸다. 지방정부의 무상교육과 특수학교에 대한 국가 보조금을 확대해 1944년부터 중등 현대학교와 문법학교도 무상교육이 시행되었다. 1945~50년 사이에는 928개의 새로운 초등학교 설립과 무상급식, 보조금을 주어 대학 교육의 기회도 확대했다.

제2차 세계대전으로 400만 가구 이상이 파괴되고 손상되었으므로 주택이 부족했다. 처칠 내각에서 1944년 임시 주거법을 제정해 임시 주택 보급을 계획했지만, 1945~51년 애틀리 내각에서는 이를 실행했다. 전쟁 이후 황폐화된 도시를 재계획하고 발전시키기 위해 지방정부는 종합개발 지역을 지정해 토지의 강제 구매력을 실행했다. 이 구역에 120만 채의 건축이 계획되고 착공되었다. 그중 156만 623채가 임시 주거법 정책의 실행을 위해 10년 후 허물 예정으로 조립식으로 지어졌다.

런던의 동남쪽에 캣포드의 엑스칼리버 에스테이트 지역에 당시 전쟁 포로들이 만든 187채의 조립식 사각 주택이 아직도 남아 있다. 1947년에는 연료 부족, 가스 배급제, 통화위기, 230만에 달하는 실업자, 게다가 기록적으로 혹독했던 겨울 날씨로 인해서 국민들은 최악의 주택난을 겪었다.

1949년 주택 근대화를 위해 비용의 75%에 해당하는 국가 보조금이 저임금 노동자에게 지급되었다. 주택 구매를 위한 지방정부로부터 차용 금액의 상한선을 올리기도 했다. 뿐만 아니라 1945~51년에 약 120만 채의 주택이 새로이 완성되어 저임금 가족들에게 공급되었다.

복지 혜택은 생활의 섬세한 부분까지 영향을 미쳤다. 예를 들어 1946년에는 부엌 제품과 그릇 등 기초 생활용품에 대한 부가세를 없애고, 정원 조경 관련 품목의 세금은 낮추었다. 1947년에 소방관 연금을 증설하고 전기 관련 공무원, 어부, 광부 등에 대한 복지 혜택을 확대했다. 1950년에는 상점에 고용된 노동자가 6시간 이상을 일할 경우 20분 정도 휴식을 갖고, 점심시간은 45분 이상 할애하는 규정을 만들었다. 또한 오후 4시부터 7시까지 일할 경우 30분 동안 차를 마시는 시간을 갖도록 했다. 그리고 모든 노동자는 노동조합에 가담할 권리가 있음을 입법화했다.

애틀리 노동당 내각은 국민의 건강과 안전을 위해서도 많은 규정을 제정했다. 특히 석탄 먼지, 시멘트 등의 결합재에 노출되는 근무 환경의 경우, 먼지와 통풍 시설, 세면 시설과 작업 복장, 건강 검진, 피부와 눈에 대한 의료관리 등 관련 규정을 세부적으로 만들어 시행했다.

농부도 노동자에 포함되어 주택 보조금을 90%까지 빌릴 수 있었고, 언덕에 농사를 짓거나 현대화된 농법을 사용할 경우에도 보조금이 지급되었다.

1946~51년에는 완전고용이 실현되었다. 생활수준도 꾸준히 향상되어, 경제 성장 연 평균 3%를 유지하는 등 호황을 맞는다. 복지사업을 통한 거주공간의 변화와 의료기술, 의료 서비스 체제가 발달함에 따라 이 시기에 영국민 평균수명도 연장되었다.

1946~51년까지 자동차 보급이 확대되어 약 500만 대의 차가 도로 위를 달렸고, 기동성이 증가하자 바닷가의 휴양지에는 많은 휴양객이 북적거렸다. 도로와 주택 환경, 사회복지로 인해 새로운 사회적 경험과 인식의 변화를 겪었다. 더구나 영연방이 되자 노예 수준의 임금인데도 대규모 이민이

유입되었다.

주변 국가에서 들어오는 이민자를 정책적으로 받아들이기 위해 영국 국적법으로 영연방 시민권을 부여했다. 다양한 문화적 경향을 가진 사람들이 영국으로 들어오면서 문화적 변화와 인식의 변화가 가속화했다.

다양한 지원정책이 제2차 세계대전 후, 군대와 시민에게 위안을 제공할 목적으로 시행되었다. 정부 지원으로 설립된 음악·예술 협의회가 도시는 물론 어린이와 노인의 소재지에 찾아가 음악·연극 전시회를 개최했다.

1944년 예술과 음악을 장려하기 위해서 예술 위원회를 잉글랜드, 스코틀랜드, 웨일스 세 곳으로 분류해 지원했다. 정부의 원조 정책과 지원금으로 로열 오페라 하우스, 새들러스 웰스(Sadler's Wells), 오페라 발레단, 국립극장, 로열 셰익스피어 극단(Royal Shakespeare) 등 각종 교향악단과 지방의 레퍼토리 극장과 미술 전시회가 열렸다.

애틀리 노동당 내각은 전후의 난국을 해결하기 위해 과감한 정책을 구현하는 데 다방면으로 노력했다. 그러나 서민 지원 사업이 진행되는 동안 새로운 사업에 대한 투자나 시장경제 전반에 대한 구조의 전환이 이루어지지 않아서 결국 영국 경제가 쇠퇴한 원인이 된다.

애틀리 노동당은 1950년 2월 총선에서 신임을 얻었다. 그러나 1951년 4월 예산안을 둘러싼 정책적 견해 차이로 베번, 윌슨 등 노동당 내의 극좌파로부터 신랄한 공격을 받아 노동당내에 분열이 일어나게 된다.

결국 같은 해 10월 총선에서 패배하고 보수당의 처칠이 총리가 된다.

제2차 세계대전 후 국제적 역할

영국의 제국주의적 위상은 1940년대부터 세력이 축소되기 시작한다. 많은 식민지를 갖고 있던 영국은 1942년 싱가포르를 일본에 빼앗긴다. 또한 같은 해 인도양에서 영국 함대가 일본 해군에 전멸되어 영국 해군력에 최악의 사건이 되었다. 1940~41년까지 독일군 폭격기의 영국 본토 공격은 영국에 커다란 타격을 입혔다.

영국 대공습에서 영국 주요 도시가 모두 폭격의 대상이 되었다. 특히 런던 대공습(London Blitz)은 영국 왕립 공군의 국제적인 위신을 추락시켰다. 여러 차례의 대형 폭격을 경험하고 경제적 타격이 컸는데도, 전후 애틀리의 노동당 정부는 제3의 세계열강의 역할을 지속하고자 했다.

식민지와 유럽 등지에 해외 주둔 군대를 지원하고, 군대 해외 주둔 유지 비용을 지속해서 부담했다.

1945년 세계대전 후, 평화와 협력을 도모하고 집단적 조치를 할 수 있는 국제 협력기구인 유엔(UN; United Nations)에서 영국은 안전보장위원회의 상임이사국이 된다.

제2차 세계대전의 치열한 전쟁으로 군사력이 약화되었는데도 이집트·이라크·요르단·걸프만·수에즈 운하 등에서 그동안 행사했던 우월한 영향력을 유지하려 했다.

이 시기부터 1964년까지 많은 식민지가 독립한다. 1947년 인도·파키스탄 등이 독립해 영연방에 가입했다. 1949년 영연방 총회에서 런던 선언은 '영국 국왕이 영연방의 군주로서 새로운 결합의 중심이 되었음'을 상징한다. 이전의 식민지 제국 시대처럼 충성의 맹세는 아니지만, 자유로운 연합과 협력 체제로 결속의 변화를 의미한다.

이러한 변화 속에서 영국은 파운드화를 영연방 국가 간 통용 화폐로 유지하려 했다. 그래서 '백인 통치 국가'인 오스트레일리아·뉴질랜드·남아프리카와 연합해 영연방 회원국 내 국가의 지위가 동등함을 선언한다. 이로써 파운드로 화폐를 통합하고자 했다. 전후 초기 이들 국가는 무역의 절반 이상을 파운드로 통용했다. 또한 재정적 위기에 봉착해, 식민지로 남아 있는 국가나 영연방 열대 지역에 있는 코코아·고무·주석 등의 자원을 개발했다.

많은 국가의 공동의 적이던 독일 나치가 패망하고 전쟁이 끝나자, 미국과 소련의 영향력을 중심으로 세력이 양분되는 냉전 체제의 기운이 감돌기 시작한다. 당시의 냉전 분위기를 처칠은 발트해와 아드리아해를 가로지르는 '철의 장막(the Iron Curtain)'으로 표현했다.

1948년 이후 서로 다른 체제를 신봉하는 강대국인 미국과 소련 사이에 오랫동안 존재해왔던 의견 불일치와 세력 견제에서 비롯된 양극단 현상을 의미한다. 냉전 체제는 1950년 한국 전쟁에서 최고조에 이른다. 1953년 미국과 소련 양측의 지도자가 바뀌면서 냉전 체제의 양상이 더욱 확고해졌다.

냉전 체제는 핵무기 개발 경쟁과 관련이 깊다. 1945년 직후 영국은 원자 에너지와 핵무기가 국가 방위에 이용될 수 있음을 빠르게 자각하고 핵무기 개발에 주력한다. 1946~47년, 유엔 원자 에너지 연구 감시 준비위원회가 뉴욕에서 소집되었다. 이때 소련의 핵무기 보유 가능성과 핵무기 확산 금지 조약을 체결하고자 했으나 결렬되었다. 참석했던 허버트 스워프(Herbert Swope)와 버나드 바루크(Bernard Baruch)가 '새로운 전쟁의 형태'인 '냉전(Cold War)'으로 전쟁의 변화를 예상했고 '냉전'의 개념이 등장했다.

냉전은 다른 형태의 세력 다툼을 의미했다. 1947~49년까지 소련은 '베를린 봉쇄'를 단행하고 연합군에게 서베를린 관할권 포기를 주장한다. 또한 1948년까지 동유럽의 많은 국가에 좌익 정부를 세우고 세력을 확대한다.

이에 맞서 미국은 마셜 플랜으로 영국을 포함한 서유럽 국가에 130억 달러의 기술적·경제적 원조를 시작했다. 마셜 플랜은 유럽에서 세력을 확대하고 미국 중심의 세력을 결집하는 데 확고한 역할을 한다.

이듬해 나토 조약(NATO; North Atlantic Treaty Organization, 1949)이 체결된다. 이는 미국을 중심으로 영국·프랑스·서독 등 29개 동맹국이 소련의 위협에 대한 집단적 안전보장을 위해 군사적·경제적 원조와 협력을 위한 조약이다.

이에 맞서 영국은 유럽 지역 내의 집단적 안전보장을 위해서 프랑스·벨기에·룩셈부르크·네덜란드와 브뤼셀조약(1948)을 체결해, 서유럽 국가 간의 군사적 협력과 국가 방위 동맹을 도모한다. 이러한 집단적 안전보장의 행보는 1949년에는 워싱턴에서 북대서양 조약 체결로 이어진다. 서로의 힘을 견제하고 동맹국 간의 힘을 결속함으로써 유럽은 점차 두 개의 세력 영역으로 분열되었다. 이러한 냉전 분위기는 1991년까지 냉전 체제가 끝날 때까지 지속했다.

냉전 체제로 미국과 소련 양국이 첨예하게 대립하게 되자, 핵무기 개발과 보유문제는 점점 더 중요해졌다. 1938년 독일의 물리학자 오토 한(Otto Hahn)과 리제 마이트너(Lise-Meitner)가 핵분열 현상을 최초로 발견했다. 영국은 이를 이용한 원자탄 개발이 국가 안보와 국제적 지위를 확고하게 해줄 결정적인 역할을 할 것이라는 가능성을 인식한다. 그리고 안보 차원에서 핵무기를 개발한다. 1949년과 1953년에 소련이 핵실험에서 먼저 성공했지만, 영국도 1952년 원자폭탄 실험, 1957년 수소폭탄 실험에 성공해 핵 보유국이 된다.

영국은 미국과는 우호 관계이지만, 핵무기 개발에서는 민감한 경쟁 또는 견제 관계였다.

1944년 8월 미국과 영국은 핵무기 개발에 대한 비밀 협약인 「하이드 파크 각서(Hyde park Memorandum)」에 사인하고, 1945년 워싱턴에서 핵무기 개발 협력을 약속했다. 그러나 불과 1년 후 1946년 미국이 독자적으로 핵무기를 개발하고 핵 물질과 정보 기술의 타국 이전을 금지하는 맥마흔 법(The McMahon Act)을 통과시킨다. 영국 정부는 제2차 세계대전 중에 처칠과 루스벨트 대통령 간의 비밀 핵 협력 협정을 믿고 있었기 때문에 미국의 핵 단절을 예상하지 못했다.

애틀리 정부는 미국의 일방적인 조치에 대응해 독자적 핵개발을 결정한다. 같은 해 영국은 원자력법을 통과시키고,

1947년 원자로 글립(GLEEP)을 유럽 최초로 하웰(Hawell)에 설치해, 핵분열 물질의 생산조직을 설립한다.

영국의 독자적인 핵 개발은 신속하게 진행되었다. 리슬리에 원자력 연구소를 설립하고, 셀라필드를 핵물질 생산소로 채택했으며, 윈드스케일 원자로에서 플루토늄을 공급하도록 했다. 또한 스프링필스 우라늄 처리 시설을 신설하고, 아머샴 방사능 센터를 설립하는 등 핵 개발 기반 조성에 적극적으로 착수했다.

영국이 독자적으로 핵 개발을 하자, 핵무기 정보를 소련과 공유할 것을 두려워한 미국은 1950년대 중반에 맥마흔 법을 수정해(핵무기 정보가 아니라) 핵에너지 정보를 동맹국인 영국에만 공유하고 프랑스에는 비밀로 했다(참고로 프랑스는 이것을 이유로 후에 나토 연합에서 탈퇴한다).

미국은 이로써 영국을 확고한 우방으로 끌어들인다. 그러면서 동시에 잠재적인 적국인 소련 중심 공산 정권 국가의 공격을 무산하기 위해 핵무기 위협을 사용하기로 합의했다.

제2장
13년간 풍요로운 영국

보수당, 전후 합의

1951년 보수당은 근소한 차이로 노동당을 이기고, 1964년 노동당에 패할 때까지 13년 동안 집권한다. 13년 동안 세 차례 총선에서 연속 승리해 4명의 수상이 보수당에서 나온다.

영국 현대사의 가장 위대한 정치인이라고 불리는 처칠은 77세가 되던 1951년 보수당의 승리로 다시 총리가 되었다. 2년 후 1953년에는 엘리자베스 2세가 여왕이 된다. 젊은 엘리자베스 시대의 시작은 미래에 대한 낙관주의와 경제 번영으로 이어졌다. 그리고 보수당이 순조롭게 오랫동안 집권할 수 있는 기반이 되었다. 보수당은 전시의 경험에서 얻어진 사회주의적 전후 합의(Post-war consensus)에 의해 시행된 경제 사회 정책 대부분을 그대로 이어받는다. 1930년대의 세계 경제공황과 제2차 세계대전은 영국 중산층, 노동자층이 특별히 단합하는 계기가 되었다. 보수당은 당시 선거 패배의 원인을 생생히 기억했다. 그 때문에 영국민의 희생과 지지로 이루어진 애틀리 내각의 재건 노력과 사회복지 제도 대부분을 수용했다.

1951년 5월, 영국 축제에 참여했던 국민들은 기술과 사회적 진보 면에서 완전히 새로운 현대적 세계가 도래했음을 인식했다. 영국 축제는 전쟁으로부터의 경제적·사회적 회복을 축하하고, 새로운 문화·산업·디자인의 발전을 장려하는 미래적인 국립 박람회였다. 또한 전후 베이비 붐으로 태어난 세대가 이전 부모 세대와는 전혀 다른 시대를 살아가리라는 것을 예감하는 축제였다. 또한 전쟁의 재발 방지 노력과 전시의 희생과 단합, 근면, 절약, 노력으로 더 훌륭하고 공정한 영국을 재건할 수 있을 것이라는 대중의 기대감과 정치권의 전후 합의 분위기가 한창이던 시기였다.

이러한 시대적 요구에 따라 보수당이 내각을 구성했지만, 이전 노동당의 정책을 상당 부분 수용한다. 개인주의적이고 자유방임주의적인 보수당의 정통성이 수정과 전환을 맞이한다. 보수당은 사회 정의와 완전고용을 실현하기 위해, 경제적·사회적 변혁을 이루기 위해, 계획경제에 시장개입을 포함한 혼합경제를 실행한다. NHS와 다양한 복지 시스템, 그리고 완전고용과 대량 실업 방지, 노조와의 협력 등은 변화와 수정을 거듭하면서 1970년대까지 지속되었다.

1951년의 처칠 정부는 노동당 정부 아래 통세 경제에 대한 반감을 정책에 반영한다. 시장의 가격 원리에 따라 물가 정책을 선택적으로 시행하는 선별주의를 도입한 것이다. 냉전 체제가 지속되는 동안 이전 노동당의 경제 사회정책에 보수당의 경향이 반영되었다. 결과적으로 실업률은 낮아지면서 생활수준이 향상되었고, 1950~59년 사이에는 소비가 20% 증가했다. 주택 보급과 무료 의료 서비스, 복지 정책뿐만 아니라 친미 외교 정책, 영국 식민지의 독립 등 국제 문제에서도 노동당과 의견이 같은 정책을 실현한다.

광산·채석법(Mines and Quarries Act, 1954)에서 노동자 안전과 건강을 위해서 광산 노동 법안을 채택한다. 하지만 약 처방의 환자 부담 정책이 이 시기에 도입되었던 것을 보면 급진적 복지 정책의 속도 조절이 된 것을 알 수 있다. 보수당이 집권했던 이 시기는 실업률이 가장 낮았고, 최저 생활수준이 향상되었으며, 전후의 붐(Post-war boom)이 일어난 풍요로운 시기로 기록된다.

1951년 보수당은 매해 30만 가구의 주택 보급을 약속한다. 전시에 파괴된 주택이나 슬럼을 재건하는 일에 주택 장관인 해럴드 맥밀런(Harold Macmillan)이 직접 감독했다. 6,000개의 학교를 개교했으며, 대학교 교육을 두 배로 늘리는 계획을 한다. 버틀러 법령(1944)에 의한 세 종류의 학교로 구분했다. 지적 재능이 있는 학생을 위한 문법학교, 실제적 직업교육을 위한 기술학교, 대다수의 기본적인 교육과 기술교육을 위한 중등 현대학교로 구분했다. 초등학교 어린이들은 마지막 학년에 11+ 시험(1944년 첫 시행) 결과에 따라 어떤 종류의 학교에 갈 것인지 결정된다.

처칠이 총리였을 당시에는 문법학교와 중등 현대학교로 학생들을 나누었으나, 앤서니 이든(Anthony Eden)이 총리일 때부터는 기술학교의 중요성이 강조되었다.

보수당이 노동당의 장점을 받아들여 보완 정책을 실행하는 동안 1950년대 노동당은 내적 분열을 겪는다. 노동 우파인 휴 게이트스켈(Hugh Gaitskell)이 보수당 입장이던 약 처방을 환자 부담 정책에 도입하는 데 찬성하자, 노동 좌파인 아노이린 베번이 이에 반대하면서 논쟁이 격심해졌다. 또한 국가보험 기금(NIF)을 군사 재정비에 사용하기로 하자 휴 게이트스켈이 사임하는 등 분열이 지속된다. 국가방위 부담금의 지출과 핵무기 보유에서도 노동당 내부 의견이 갈렸다.

영국 유권자는 이 시기 영국의 번영에 대해서 매우 만족스러웠고, 내부적으로 분열된 노동당의 재집권을 열망하지 않았다. 그리고 그것은 그대로 국민 투표에 반영되었다. 영국 내에서는 개인주의, 개인의 자유와 선택의 자유 등을 중시하는 보수적 문화 기류는 1960년대 초 보수당 정부가 많은 대중의 비난을 받기 시작할 때까지 지속되었다. 1950년대 스탈린 사회주의의 실패도 이전 애틀리 노동당 실각에 한몫했다.

스탈린의 사회주의적 한계에 실망한 영국 지식인의 신좌파적 경향이 영국에서 격렬했던 사회주의적 움직임을 완화시켰다. 이러한 흐름은 1979년 보수당의 마거릿 대처가 집권해 자유주의 노선으로 전환될 때까지 이어진다.

1955년 건강상 이유로 처칠이 사임하자, 제2차 세계대전 동안 외무 장관을 지내고 연합국 회담에서 활약했던 이든이 총리직을 이어받는다. 오랫동안 외무 장관으로 있었던 이든 총리는 외교 능력을 인정받았다. 그러나 외교 업무를 주로 수행했으므로, 상대적으로 국내 정치에 덜 치중했고, 경제 지식도 부족하다고 평가되었다. 그런데도 1955년 6월에는 역사상 최저 실업률인 1%(전후 최저 21만 5,800명)를 기록할 정도로 영국은 풍요의 기류를 지속한다.

한국 전쟁과 수에즈 운하 사태

한국 전쟁은 당시 전 세계적인 현상이었던 냉전 시대에 이루어진 대표적인 군사행동이다. 한국이 일본의 침략으로부터 해방된 후, 1945년 12월 모스크바 3상 회의 결과로 구소련이 북한을, 미국이 남한을 각각 통치한다. 그러나 1950년 6월 25일 중국과 구소련, 북한과 함께 약 7만 5,000여 명이 남한을 침공해 사흘 만에 서울이 함락되는 한국 전쟁이 발발한다.

유엔 연합군의 파병 결정에 따라 20여 개 나라가 파병했고, 영국은 미국 다음으로 가장 많은 5만 6,000여 명의 군사를 보냈다. 영국은 제2차 세계대전으로 재정적인 압박이 심했지만, 냉전으로 치닫는 새로운 초대 강국인 미국과 소련의 군비 확장에 맞서 경쟁했다. 또한 세계 강국 사이에서 세력을 유지하고 싶었던 영국은 1950~53년 한국 전쟁 참여를 결정했다.

1953년 휴전할 때까지 영국군은 5,000여 명의 사상자가 생겼다. 1953년 7월 27일 한국 휴전 협정으로 한반도 군사 분계선을 사이에 두고 공산주의 국가인 북한과 민주주의 국가인 남한으로 나뉜다. 한국 전쟁에서 참전한 양측 국가들의 정치 이념은 극단적으로 양극화되었고, 냉전이 전 세계적인 현상이라는 것을 드러냈다. 영국 입장에서는 경제적으로 힘든 시기인데도 세계열강으로서 영국의 정체성과 역할 분담, 그리고 강국으로서 위상을 높이기 위해서 참전했다. 그러나 아이로니컬하게도 한국 전쟁에서 세계적 열강으로 가장 많은 전쟁 비용을 지출해 군사적 강국으로 드러난 나라는 미국이었다.

수에즈 운하 사태는 영국 정체성에 변화를 가져온 또 하나의 중대한 사건이다. 수에즈 운하는 지중해와 인도양을 잇는 운하이다. 유럽에서 인도와 아시아·아프리카·뉴질랜드·호주와 무역을 하려면 반드시 지나가야 하는 곳이다.

수에즈 사태는 이곳의 지배권을 둘러싼 전쟁이다. 1869년 개통된 수에즈 운하는 서구 유럽 석유의 80%가 이곳을 통과해 교역될 정도로 중요한 역할을 했다. 영국 정부는 수에즈 해양 운하 법인의 주식을 대량 보유하고 있었고, 수에즈를 보호한다는 명목으로 이집트와 동맹을 맺고 군대를 주둔시 켰다.

한편 나일강이 해마다 범람하자, 1889년 영국은 아스완 댐 공사를 시작했다. 1946년 다시 나일강이 범람했고, 영국 과 미국이 보수 공사 자금을 제공하는 데 합의했지만 1956 년에 자금 차관을 철회한다. 이에 이집트 대통령 나세르는 수에즈 운하 회사를 국유화하고 그 수익으로 아스완 댐을 증축하고자 했다. 냉전 시기에 나세르 결정에 대해서 영국과 프랑스는 수에즈 운하의 지배권이 소련 영향권에 들어갈 것 을 우려한다.

나세르가 수에즈 운하 소유권 환수를 주장하면서, 운하 통행료를 국유화하겠다고 선언한다. 이에 1956년 이스라엘 이 공격을 시작했고, 영국과 프랑스가 동맹국으로 공격에 가 담한다.

사실은 수에즈 사태가 일어나기 전에 영국 이든 총리가 파리에서 프랑스와 극비 회담을 열고 전쟁 계략을 공모했다. 이스라엘이 먼저 이집트를 침략하고, 평화 유지군으로 프랑 스와 영국이 파병할 것을 계획한 것이다. 그리고 이를 미국 에 비밀로 했다. 수에즈 운하 사태는 이스라엘이 이집트에 침공을 개시한 1956년 10월 29일부터 11월 3일까지 발생한 전쟁이다. 이를 '수에즈 위기' 또는 '제2차 중동 전쟁'이라고도 일컫는다. 이 전쟁에 대해서 노동당이 반대했고, 많은 시민이 반전시위를 했으며, 미국은 영국을 맹비난했다. 영국·프랑스가 이스라엘과 동맹을 맺고 전쟁을 유발한 것에 대해서 세계 여론이 반발했다. 유엔과 미국, 소련이 이들 동맹군에게 정치적 압박을 가했다. 유엔은 유엔 긴급 군(UNEF; UN Emergency Force) 파견을 결정했고, 미국은 영국에 대한 재정지원과 석유 판매, IMF 차관을 멈추겠다고 경고했다. 전후 심각한 재정 위기에 있었던 영국은 미국의 압박을 견딜 수 있을 만큼 경제 여건이 좋지 않았다. 영국이 중동에 대한 영향력이 종결되는 시점이 이때였다.

수세에 몰린 영국과 프랑스는 군대를 철수시킨다. 수에즈 운하를 둘러싼 전쟁 발발의 위기에서 군대 파견과 공격을 결정했던 이든 총리의 판단 착오로 중동 지역에서 영국의 명성은 실추된다. 총리가 되기 전에 외교 정책에서 경험을 쌓았던 이든은 수에즈 운하 사태에 대한 미국의 지원을 요청했지만 거절당한다. 외교 능력에서도 신뢰를 잃은 것이다.

결국 그는 실추된 명예를 회복하지 못하고 1957년 사퇴를 한다. 1956년 수에즈 사태 때 파병으로, 이든 총리는 미국을 포함한 주변국이 군사력 감행을 어떻게 생각할 것인지를 파악하지 못한 지도자로 평가받는다. 국가적으로 수에즈 사태는 외교적·군사적 낭패를 초래했고, 영국의 국제적 영향력을 상실하는 커다란 전환점이 되었다.

수에즈 사태로 제국주의로서 위상이 실추되자, 식민지는 독립하기 시작한다. 영국은 정치적·경제적 위기를 맞게 되고, 이를 계기로 영국이 미국보다 더 이상 강력한 세계열강이 아니라는 자각이 일어난다. 영국 내에서는 변화된 영국의 위치와 정체성, 세계적 상황에 대처하기 위해서 외교 차원에서 미국에 전략적으로 의존할 필요성을 깨닫는다.

맥밀런 총리, 변화의 바람

1957~59년까지 이든에 이어 총리가 된 해럴드 맥밀런은 처음에는 수에즈 침공을 지지했다. 그러나 전쟁 발발 후의 반응과 변화를 인식하고, 수치스럽지만 패배를 인정한다. 그리고 이집트에서 병력을 철수하는 결정을 내린다. 맥밀런은 처칠 내각에서 주택 장관으로서 좋은 평을 받았다. 이든 내각에서 외무 장관이었으나, 수에즈 침공 직전 재정 장관으로 옮겨 수에즈 사태에 대한 외교상 책임을 면한 운 좋은 총리다.

맥밀런 총리는 맥밀런 출판사 창업자 손자로 이튼칼리지와 옥스퍼드대를 졸업한 기득권층 엘리트이다. 그러나 노블레스 오블리주의 의무를 솔선수범한 실용주의 총리로 평가

된다. 제1차 세계대전에 근위 보병대의 장교로 참전해 "모두 단결해 영국의 자신감을 회복하자"고 호소했고, 구체적인 행동과 정책으로 봉사하는 리더십을 보여주었다.

전 계층의 이익을 추구하려는 개혁주의적 보수, '한 나라 보수주의'를 주장하면서, 계획 경제를 적절하게 활용한 혼합 경제 정책을 펼쳤다. 1930년대 대공황 시절을 극복한 경험을 되살려 경제를 재건하고, 공공투자를 확대해 수요를 창출하는 경제학자 케인스의 경제 이론을 적용해 내수 시장의 성장 동력으로 활용했다. 그 결과 적정 성장률을 유지하고 실업률을 크게 낮출 수 있었다.

1960년에는 징병제를 폐지하고 병력을 단계적으로 감축하면서 군대를 효율적으로 재편했다. 그 결과 정부 예산의 3분의 1, 국민 총생산(GNP)의 10%까지 차지했던 국방비를 절반으로 줄였다. 허울뿐인 '제국의 영광' 대신 경제 번영과 국민 복리를 우선한 것이다.

수에즈 사태 이후 식민지가 축소되는 등 경제적인 어려움이 있었다. 맥밀런은 효율적인 경제 정책을 시행해 경제를 회복시키고 전후 붐(Post-war boom)을 다시 일으킨다. 그는 1952년 베드퍼드 연설에서 영국이 이보다 더 좋았던 때가 없다고 인정한다. 하지만 유약한 경제 풍요를 지적하면서, 인플레이션의 위험을 경고했다.

총리가 된 후 맥밀런은 수요를 창출하고 유지하기 위해 케인지언의 전략인 공공투자를 유치한다. 또한 기업이 국내 경제 성장의 엔진이라고 생각해 친기업 정책을 펼친다. 그는 우호적인 국제 상황의 혜택으로 풍요의 시대에 집권했다. 한때 불균형한 성장률을 보였지만, 낮은 실업률을 유지했다.

　맥밀런은 1959~63년까지 재임한다. 1960년 아프리카 순방 길의 남아공 케이프타운 연설은 그의 집권 시기 정책 변화를 반영하는 연설이다. 그는 1947~60년까지 이어지는 탈식민지화 과정을 변화의 바람으로 인식해야 한다고 연설한다. 식민국가의 독립으로 제국주의 인식에 대한 변화가 있어야 한다는 것이다. 1947년 인도에서 영국이 철수한 것을 시작으로 식민 국가의 독립운동 분위기는 1951년부터 매우 강렬하게 일어났다. 1952년 케냐의 독립운동이었던 마우마우 반란(Mau Mau rebellion)을 영국은 가혹한 폭력으로 진압했다.[1] 이러한 식민지의 탄압 아래 독립운동은 1962년까지 지속했다. 1957년 가나는 식민 지배에서 독립해 자유를 쟁취한 최초의 흑인 국가가 된다.

　맥밀런은 영국의 제국 식민주의에 관한 정책이 변화해야 한다는 것을 감지했다. 그는 과거 남아프리카 공화국의 백인 정권이 1948년 인종 분리와 유색 인종 차별법을 공식화한 아파르트헤이트(Apartheid: 흑백 분리)에 반대한다고 발표한다.

이때 나이지리아·카메룬·시에라리온·탕가니카·우간다·케냐 등 아프리카 식민지가 대거 독립해 영연방 일원이 된다. 동남아에선 1957년 말레이시아가 독립하고, 1960년에 나이지리아와 키프로스가, 1962년에 우간다가, 1963년에는 케냐가 독립해 후에 영연방의 일원이 되었다. 식민지들의 독립을 인정하고 영연방으로 가입할 것을 유도했다. 식민 제국의 유지 비용을 줄이는 방식으로 정책을 변경하면서, 인도주의적인 영국의 위상을 회복하고자 했다.

1960년에 남아프리카 공화국의 케이프타운에서 맥밀런이 한 "변화의 바람"에 대한 연설은 더 이상 제국주의적 영국, 대영제국이 아니라는 것을 인정한 연설이라고 볼 수 있다. 그다음 해 1961년 남아공이 영국연방을 탈퇴했다.

1950년 초반, 영국은 대영제국에서 영연방 체제로 바꾸면서, 식민 국가들을 영국연방으로 가입시켰다. 이로써 탈식민지 과정이 순조롭게 진행될 수 있을 것으로 낙관했다. 일각에서는 식민 국가가 독립할 준비가 될 때까지 제국주의를 유지할 수 있을 것으로 여겼다.

그러나 수에즈 사태 이후 탈식민지화의 속도를 재고해야 한다는 자각이 있었다. 이러한 현상은 그 당시 있었던 전반적인 현상이었다. 다만 누가 이러한 변화의 바람을 먼저 인식하고 정책에 또는 정치적 방식에 채택했는가에 차이가 있었다. 프랑스는 베트남과 알제리를, 벨기에와 포르투갈은 아프리카 식민지를 가지고 있었고, 독립하려는 반란군을 제압했다. 그 외의 식민 국가들의 탈식민지 과정도 일어나고 있었다.

당시 남아공 수도인 케이프타운에서 맥밀런은 여러 국가의 구도가 새로운 방향으로 진행하고 있으며 크게 세 그룹으로 나뉘고 있다고 주장했다. 첫째 그룹은 영국과 영연방 동맹국과 미국이 구성하는 자유주의 국가들이다. 둘째는 러시아를 중심으로 한 공산 이념을 표방하는 공산국가 그룹이다. 셋째는 아직 공산주의나 민주주의를 이념으로 정하지 않은 국가들이다. 그리고 이 세 번째 그룹에 속하는 아시아와 아프리카 국가들이 어느 쪽으로 기울 것인지가 앞으로 중요한 사안이 될 거라고 지적했다. 맥밀런은 변화의 바람을 새로운 정책 방향에 반영했다. 이후에 영국의 탈식민지화의 과정은 다른 국가들에 비해서 훨씬 덜 폭력적으로 되었다.

1959년 맥밀런 총리는 소련의 서기장이었던 니키타 흐루쇼프(Nikita Khrushchev)를 찾아가 베를린 문제, 무역과 문화적 유대관계를 위한 회담을 진행한다. 이는 미·소 간 데탕트(Détente)의 발단을 만든 탁월한 외교 실적이다. 데탕트는 프랑스어로 '긴장 완화'라는 뜻이다. 1960년대 말부터 1970년대의 냉전 체제가 새로운 전환기를 맞는 것을 말한다. 이때

미·소 간의 긴장 완화는 맥밀런의 공헌이 컸다.

제2차 세계대전 이후 서방 지도자로선 처음으로 모스크바를 방문해 평화 공존의 가능성을 타진했다. 당시 소련은 핵실험과 인공위성 발사 등으로 국력을 과시할 때였다. 맥밀런은 핵전쟁 시대를 대비해 1957년 수소폭탄 실험을 하고, 대륙간 탄도 미사일을 확보하는 등 자체 핵 억지력을 최대한 확보한 후 대화·협상에 나섰다.

냉전 완화를 위한 맥밀런의 노력은 1963년 8월 부분 핵실험 금지 협정이 성사되면서 결실을 보았다. 대기권 핵실험을 중단하고 지하 핵실험만 허용하기로 협의한 것이다. 이는 맥밀런 내각 최고의 외교 성과로 평가되었다. 이것은 그 후 1992년 11월 러시아 대통령 옐친이 영국을 방문하고 영·러 우호조약을 체결하는 기초를 마련했다.

수에즈 사태 이후 식민지 정책을 기반으로 한 경제구조에 위기와 한계를 깨달은 영국은 브뤼셀 조약, 북대서양 조약기구(NATO)를 창설했다(1949). 미국의 마셜 플랜 지원을 받은 유럽경제 협력기구(OEEC)의 창립(1948)에 참여하면서 친미 정책을 확고히 한다. 그러나 수에즈 사태의 경험으로 영국이 위기에 닥쳤을 때 미국이 우방이 아닐 수도 있다는 결론을 얻는다.

그 후 영국은 독자적으로 핵 개발을 가속화하고 원폭 정책으로 방향을 바꾼다. 1952년에 오스트레일리아 해안에서 핵폭탄 실험을 함으로써 세계적으로 세 번째 핵무기 보유국이 된다. 냉전 체제의 이데올로기와 경쟁적 군사력 증강으로 핵에 대한 위기의식이 형성되자, 서유럽 대부분 국가에서 핵무기 금지를 촉구하는 '핵무장 해제 캠페인(CND; Campaign for Nuclear Disarmament, 1957)'이 일어난다.

전후 경제 붐과
스톱 앤 고 가격정책

미국이 수에즈 사태와 관련해 경제 압박을 가하자, 영국 경제에 직접적인 영향을 주어 파운드 약세가 시작되었다. 맥밀런은 해결책으로 통화주의를 내세우고, 월급 인상과 화폐 유통을 제한하는 등 '스톱 앤 고' 정책을 시행했다. 스톱 앤 고 정책의 시행 방향 때문에 1957년 논란이 뜨거웠다. 이 정책으로 맥밀런 내각 통치 기간에 점차로 파운드화 가치는 상승한다.

1959년까지 꾸준히 경제적인 번영이 지속해 3억 7,000만 파운드의 세금 감면을 할 수 있을 정도가 되었다. 보수당에 대한 유권자들의 지지는 식지 않았고, 맥밀런은 재선해

1959~63년 두 번째 내각을 구성했다. 1960~64년에는 경제 성장이 최고조에 달하는데, 이 시기를 전후의 경제 붐이라 부른다.

맥밀런 내각이 경제 위기를 극복하기 위해서 1950년대 전반적으로 시행했던 스톱 앤 고 정책(Stop-and-go policy)은 가격 조절 정책이다. 예를 들어 수입이 수출량보다 많아 국제수지가 악화되고 파운드화가 불안하면 재정·금융정책을 긴축하기 위해, 이자율을 조정하고 임금을 동결했다. 국내 수요를 억제해, 수출 증대에 힘쓰는 것이 '스톱(Stop) 정책'이다. 그 결과 국제수지가 호전되면 긴축 정책을 해제하는 '고(go) 정책'을 실행해 국내 수요를 확대하고 경제 성장과 완전고용을 도모하는 정책으로 변경했다.

가격정책을 실행하기 위해 맥밀런은 일반 대중에게 수요 억제와 상식적인 소비를 강조했다.

1963년 영국 경제 성장률은 4%이고 1964년에는 6%까지 치솟았다. 1961~64년까지 수출의 10% 이상이 올랐으나 수입증가는 거의 20% 이상에 달했다. 1961년 이후 영국은 경제 붐의 시기였는데도 서독과 미국, 일본에 밀려 있다는 인식이 강했다. 맥밀런 내각은 경제 과열에 대해서 우려하면서, 임금 동결을 실행하는 스톱 앤 고 정책을 지속한다. 재무장관이 레지널드 모들링(Reginald Maudling)으로 바뀌면서 가격 정책으로 이자율을 낮추어 소비를 장려하자 일시적으로 경제 성장이 4%에서 6%로 상승한다. 그러나 수출에 비해 지나치게 많은 수입과 임금 상승으로 경제에 대한 불안감은 여전히 존재하고 있었다.

1963년 「비칭 보고서(Beeching report)」에서 공공 부문 지출을 삭감하는 방안으로 철도 네트워크의 30% 이상을 폐쇄하는 등 경제적인 번영이 끝나가는 징후가 예고된다.

맥밀런 총리는 노동당의 국유화 정책에 반대 입장이었다. 그러나 철도 국유화 정책은 그대로 유지하고 화물 자동차 국유를 부분적으로 해제한다. 자동차 소유 증가로 철도의 적자 경영이 늘어나자, 맥밀런 정부는 국유화되어 있는 철도를 전화·디젤엔진과 함께 국유화 폐지에 대해 고려한다. 그러나 1964년 노동당은 철도 교통이 장기적으로는 지역 개발과 관련이 있으므로 채산성과 관계없이 국가에서 운영해야 한다는 의견을 고수한다.

맥밀런 내각은 1962년 장기적인 경제개발 계획으로서 국가 경제 개발위원회(NEDC; the National Economic Development Council)를 구성해 포럼을 열고 경영진, 노동조합, 정부가 함께 모여 해결 방안을 모색한다. 1957년 유럽 공동시장(EEC; European Economic Community) 결성 이후는 유럽, 특히 서독 중심의 경제 성장이 두드러진 시기였다. EEC에 대항하기 위해서, 영국은 1960년 1월 오스트리아·덴마크·노르웨이·포르투갈·스위스·스웨덴 등과 함께 공업 제품에 대해서 유럽 내의 자유무역을 위해 유럽 자유무역 연합(EFTA; European Free Trade Association)을 결성했다. 초기에는 EFTA 가맹국 간의 무역량은 연평균 약 6% 증가했다. 7년 후에는 공업 제품 무역 할당과 관세 폐지의 성과를 이뤘다. 그러나 EEC와는 달리 지역적으로 인접국이 아닌데다 경제통합의 필연성도 EEC만큼 크지 않았다.

또한 EFTA 가맹국이 EEC 국가와의 무역 의존도가 높았기 때문에 EFTA는 처음부터 EEC에 비해 결합력에서 어려움이 있었다. 영국은 유럽의 경제 성장보다 뒤처진다고 인식한 후 자국 경제의 현대화를 위해서 EEC에 참여하기로 한다. 1961년 맥밀런 보수당 정부는 EEC 가맹을 신청했다. 그러나 1963년에 프랑스 드골의 거부권으로 EEC 가맹이 좌절되자 맥밀런의 경제 정책에 심각한 차질을 빚는다.

베이비 붐과 사회 변화

　전재(戰災)의 징후가 여전하던 1950년대의 영국 사회는 전후의 재건 과정에서 다양한 사회적 변화와 경제 발전의 경험을 토대로 새로운 현대 사회로 변모한다. 이 시기의 특징적 변화로 베이비 붐(Baby boom)과 전후 경제 붐이 있었다.

　1946~54년까지 9년 동안을 1차 베이비 붐이라고 한다. 통계에 따르면, 전후 1차 베이비 붐인 1946년부터 총 출산율(Total fertility rate)은 2.7TFR였고, 두 번째 베이비 붐 기간인 1960~64년까지 2.6~2.9TFR까지 올라갔다. 그리고 1970년대 이후부터 지금까지 2.0TFR를 넘어선 적이 없다. 두 번째 베이비 붐 이후, 영국은 인력 구조의 변화, 소비주의의 확대,

동시에 세대 간의 급속한 변화와 차이로 이전 세대와는 전혀 다른 시대로 변모한다. 1950~60년대는 식민지국에서 일자리를 찾아서 이동한 이민이 증가함에 따라, 인구 구성비와 문화가 달라졌다.

전쟁과 전후 재건 과정은 영국민 모두의 삶과 경험에 영향을 미쳤다. 그런데도 대부분 남성은 모자를 썼고, 아는 여성을 만날 때 모자를 들어 올려 인사했으며, 결혼할 때 아내가 처녀이기를 기대했다. 결혼 전 여성들은 직업을 가졌다가도 결혼 후에는 직업을 그만두고 가사 일에 전념했다. 아이들 훈육과 규율은 아버지 책임이었으며, 장작 난로가 있는 거실에서 라디오를 청취하고 담소하는 모습이 화목한 가정의 이미지였다.

이 시기에는 여성들의 사회적 지위 상승에 대한 시도가 곳곳에서 이루어졌다. 1955년 바버라 맨델(Barbara Mandell)이 영국 국영방송 최초 뉴스 진행자가 되었고, 1956년 로즈 하일브론(Rose Heilbron)이 최초의 여성판사가 되었다. 1958년 힐다 하딩(Hilda Harding)은 최초의 여성 은행장이 되는 등 여성의 능력과 지위에 대한 실제적인 변화도 있었다.

제2차 세계대전 후 1950~60년대에는 꾸준히 경제가 성장한 시기다. 완전 고용을 달성했으며(당시 영국 중앙은행은 실업 2%를 완전고용으로 보았다), 월급 인상으로 윤택한 삶이 가능했다. 일반 시민이 선택할 수 있는 직업이 많아졌고 안정적이며 월급이 올랐다.

실업률은 2%를 밑도는 낮은 상태를 유지했다. 1950년 평균 주급은 6파운드 40펜스였고, 1960년쯤에는 11파운드 12펜스로 상승했으며, 1964년에는 19파운드로 올랐다. 오늘날 수준으로 보면 불쌍할 정도로 낮아 보이지만, 그 당시 맥주 값이 1파인트에 4펜스였고, 소형 자동차 값은 80파운드였다. 1,000파운드보다 적은 돈으로 괜찮은 집을 장만했으므로 주급은 꽤 높은 수준이었다. 봉급은 거의 세 배가 올랐고, 물가는 두 배가 올랐으므로 생활수준은 꾸준히 증가했다고 볼 수 있다.

1952년부터 1964년까지 소비재 사용이 52%로 올랐고 세인즈버리(Sainsbury's)와 같은 대형 공산품 체인점이 생겨났다. 전쟁 전과 직후에는 부족한 전기 공급으로 춥고 불편하고 비위생적인 생활을 했으나, 이전에 없었던 세탁기·식기세척기·청소기 등 가정용 가전제품의 수요가 급증했다.

한편 1950년대는 대중교통이 매우 발달한 시기였다. 자동차 보급률(국민 16명 중 한 명꼴로 자동차를 소유함)이 증가했다. 1959년에는 런던에서 버밍엄까지 남북을 가로지르는 고속도로인 M1이 개통될 정도였다.

그러한 와중에 1952년 런던 스모그의 극심한 상태가

5일 동안 지속된다. 스모그 현상으로 총 사망 인원이 1만 2,000여 명에 달하자, 산업개발 지역의 공기 오염과 폐수 방출 문제에 경각심을 갖는다.

맥밀런 총리는 런던 스모그의 심각성을 인지하고, 1956년 공기 청정법(Clean Air Act)을 제정 시행한다. 매연 관리 지역을 지정하고 런던에서 석탄 사용을 금지한다. 석탄을 때던 많은 주택의 굴뚝이 무용지물이 되었다. 또한 주택과 공장법(Housing and Factory Acts)이 시행되어 거주 조건과 공장의 노동 조건에 대한 규정을 개선하고 법제화했다.

한편, 이 시기는 보수당의 자유주의적이고 개인주의적인 경향이 반영되는 시기이기도 하다. 예를 들어 내무 장관이었던 랩 버틀러(Rab Butler)는 동성애나 사형 제도와 같은 사회적 문제에 주목했고, 1957년에는 사형 제도가 폐지되었다.

교육과 주택문제

1944년 버틀러 시행령(Butler Act)이라고 불리는 교육법 시행으로 교육에 큰 변화가 있었다. 이전에 4~14세까지 어린이를 대상으로 했던 초등학교 대신에 5~11세를 대상으로 하는 초등학교와 11~15세를 대상으로 하는 중등학교로 나뉘었다. 학생들은 식사와 우유를 무상으로 받았으며 1946년부터는 18세까지 확대되었다. 학급은 30~40명 정도의 대형 학급이었으며 커리큘럼은 기본적인 읽기와 쓰기 산수에 초점을 맞췄다.

1950~60년대 초에 대규모 학급이 운영되었다. 학급의 보조교사 없이 학급교사 혼자서 교실을 운영했고 규율은 매우

엄격했다. 수업을 방해하는 아이들은 나무 자로 손바닥이나 엉덩이를 맞는 체벌을 받았다. 1986년에야 비로소 체벌은 모든 공립학교에서 금지된다. 1960년대 중반까지 교사를 중심으로 학생들이 모두 칠판을 바라보고 수업하는 방식이 일반적이었다.

1944년 교육법 개정 이후 지금까지 11+ 시험이 시행되고 있다. 이 시험은 초등학교를 졸업하는 11세에 치르는 시험으로 문법학교를 진학해 고등교육을 받을 것인지, 공립 중등 현대학교를 진학해 직업교육을 받을 것인지 결정했다. 이 시험은 학생들의 지력을 측정해 어떤 스타일의 학교에서 어떤 커리큘럼에 의해서 수업을 받는 것이 학생 장래에 이득이 될 것인가를 예상하거나 결정하는 시험이다.

문법학교는 라틴어, 과학, 외국어를 포함해 좀 더 학문적인 방향으로 나아갈 수 있는 커리큘럼이 제공되어 학생들은 장래에 중산층 직업을 가졌다. 공립 중등 현대학교는 좀 더 실용적이고 기술적인 커리큘럼을 제공해 졸업 후 기술직 직업에 종사할 수 있도록 교육했다.

의무교육은 문법학교나 공립 중등 현대학교를 졸업하는 15세까지였다. 공립 중등 현대학교에서는 성별의 차이를 두어 남학생은 목제 일, 철강 일 등 졸업 후 육체노동을 할 수 있도록 교육했다. 여학생은 요리, 재봉, 타이핑 등 간단한 사무나 가사 일을 할 수 있도록 커리큘럼이 짜였다. 15세가 되어 학교를 떠나면 이들은 성인의 세계에서 일하고 성인의 여가 활동에 참여했다.

한편, 이 시기의 또 다른 커다란 변화는 주거지역의 혁신이다. 보수당은 1950년대에 매년 30만 가구의 새로운 주택을 추가 건설해 주택 부족 현상을 해결하고자 했다. 당시에 새로이 지어진 주택은 많은 면에서 현대의 주택과 유사하고, 전기가 공급되었다. 전후의 슬럼에서 새로운 현대식 주택으로 이주하자 전통적 지역사회에 변화가 왔다.

개인 예금이 증가해 저렴한 융자만 있으면 주택을 소유할 수 있었다. 낮은 실업률과 기술 발전으로 경제적으로 풍요로웠고 생활수준은 올라갔다. 경제적 풍요로 영국 젊은 10대들의 독립적인 문화가 형성되었다.

여성들은 가전제품을 이용함으로써 가사 노동으로부터 해방되었다. 계급의 장벽, 남녀 성차별을 무너뜨릴 교육의 기회도 확대되었다. 여성 취업이 확대되고 여성의 고등 교육도 확산되었다.

1950년대 전후에는 6층 이상으로 지어진 공동주택으로 플랫(flat)이 세워졌다. 적은 예산으로 많은 사람을 수용하려는 목적에서 미국의 사례를 모방한 것이다.

1960~70년대 카운슬 하우스(Council House)가 노동자

계층의 사회복지를 위해 세워진다. 1961년 해머스미스 (Hammersmith)와 풀럼(Fullham)의 시 의회 카운슬 하우스에서는 저렴한 임대료로 노동자도 중산층 수준의 삶을 누릴 수 있었다. 정원도 넉넉했고, 사교 모임과 클럽활동·학교·교회 ·병원 등 주변 시설이 갖춰졌다.

초기에 카운슬 하우스에는 일정 직급 이상의 노동자들만 입주할 수 있었다. 공동 거주를 위해 엄격한 최소한의 규정이 마련되었다. 서로 같은 지역에서 엄격한 세부 규정과 감시에서 당시 계몽주의적인 강압성의 잔재를 느낄 수가 있다. 예를 들면 집세는 매주 월요일 관리사무소에 낼 것, 유리창은 일주일에 한 번씩 청소할 것, 최소 6개월에 한 번씩 굴뚝 청소를 할 것, 발코니를 매일 쓸고 물걸레로 닦을 것, 발코니와 공동 구역에 세탁물을 말릴 수 없으며, 액자나 그림을 걸 때는 시 의회에서 정한 걸이를 사용할 것 등이다.

그러나 시 의회가 재정난을 겪으면서 정부 보조금과 예산을 삭감할 목적으로 일부의 카운슬 하우스를 주민들에게 대규모 할인 판매를 시도했다. 그러나 입주 규정과 거주 매뉴얼이 까다로운데다가 구매 가능성이 적어지자 이미지가 나빠졌다. 인기도 값도 떨어지자, 실직자·미혼모·정치적 망명자 등 정부의 보조금을 절실히 필요로 하는 사람들이 입주했다.

그 후로는 불량한 건축 상태와 미관상 아름답지 않은 디자인으로 사람들의 빈축을 샀고, 주민들은 고층 카운슬 하우스 건축을 반대했다. 더구나 1968년에 22층의 로넌 포인트 카운슬 하우스에서 가스폭발 사고가 일어나자, 1970년부터는 아예 고층 카운슬 하우스를 세우지 않았다.

소비주의와 대중문화 확산, 의식의 변화

1950년대 소비주의와 물질문화가 퍼지고 개인주의적인 성향이 생겨났다. 이러한 성향의 대표적인 현상은 '성난 젊은이들(the angry young men)'이라고 알려진 작가들의 활동이었다. 이들은 일상적 무대와 언어로 현대 사회 기득권층의 태도와 행동, 관념을 공격했다.

1956년 존 오즈번(John Osborne)의 희곡 「성난 얼굴로 돌아보라(Look back in anger)」이 연극에 오르는 것을 시작으로, 점점 더 냉소적이고 신랄하며 강렬하고, 때로는 절망적인 이들의 예술적 저항은 일반 대중문화와 일반인의 인식에까지 뿌리내린다.

의식이 변하자 계층의 차이에 대한 사회적 태도에 변화가 생겼지만, 기득권층이나 계급 시스템의 근본적인 붕괴를 가져오지는 못했다. 기독교적 믿음이 서서히 약화되었고, 빅토리아 시대 중간계급의 도덕적 절대성이 붕괴하기 시작했다. 결과적으로 피임약이 허용되고, 사생아가 급증했으며, 동성애 금지법이 폐지되었고, 이혼율이 증가했다.

이 때문에 1960년대의 영국 사회를 관용적 사회(Permissive Society)라고 한다. 이때의 사회 현상에 대해서 도덕적 수준이 저하되고, 과격한 문화가 성행했다고 부정적으로 보는 의견도 있다. 하지만 다른 한편에서는 사회가 더욱 다양한 욕구에 대해서 허용하고, 그러한 변화가 제도에 실제로 반영되는 과정으로 보기도 한다.

여성의 지위에 대해서도 인식의 변화가 생겼다. 1950년대 이전에는 아내와 어머니로서의 역할만이 이상적인 여성관이었다. 평균 결혼 적령기는 21세 정도로 여겼고, 이때 약 75%의 여성이 결혼했다. 그러나 1951년에는 여성의 5분의 1 정도가 직장을 가졌고, 일하지 않는 여성에게 가족 수당을 주었다.

그러나 은행 융자는 남성의 이름으로만 가능했다. 근본적으로 남성 의존적인 경제 제도가 운영되었다. 1964년에 이르러서 자녀가 있는 경우 직장 생활을 지속하는 여성은 드물었으나, 전체적으로는 여성 고용비율이 증가했다. 1952년에는 교사의 경우, 1954년에는 공무원의 경우, 동일한 조건의 여성과 남성이 동일한 봉급을 받기 시작했다. 일부 직종에서는 여성의 경제적 지위가 향상되었다. 뿐만 아니라 가사 노동의 부담을 줄여주는 가전제품이 개발되자 여성 삶의 질이 현격히 향상되었다. 1959년에는 세탁기를 가진 가구가 54%였고, 냉장고를 가진 가구가 58%였다. 그러나 1960년대에는 제2차 남녀 평등 운동이 일어났고, 여성의 사회적 역할이 여전히 제한적이라고 주장했다.

과학과 기술의 발전은 국민들의 여가 생활에도 많은 변화를 가져온다. 1950년대에 1,000만 명 정도가 라디오를 소유했으므로 대다수 가정의 오락거리는 라디오였다. 50년대 후반부터 TV를 소유한 가구가 늘어나자, TV 프로그램이 늘어났다. 「BBC」의 세 개 채널은 가정 프로그램, 가벼운 프로그램, 제3 방송으로 구성되었다.

이즈음 영국 사람들의 가장 선호하는 오락은 영화였다. 1년에 약 13억 장의 영화 티켓이 팔리기도 했다. 많은 중소 도시에 여러 개의 극장이 있었다. 일부 극장에는 화려한 카페가 있었고, 휴식 시간에 오르간 연주를 하는 곳도 있었다.

1주일에 관객이 두 번은 오도록 프로그램을 수요일마다 바꾸었다. 영화 요금은 2실링 정도(10펜스)였고, 극장 관람객은 영화를 보기 전에 단편 이야기·뉴스·사진 등의 짧은 단막 상영이 끝난 후 본편 영화를 보았다. 주로 할리우드 영화가 많았고, 일부 영국 영화도 있었다. 가장 유행하던 또 다른 오락거리는 프로 스포츠였다.

1950~51년 사이에 3,900만의 관중이 축구 경기장을 다녀갔다. 크리켓 경기는 지금보다 더 인기가 있었다. 테니스·골프·나무공 볼링·낚시 동호회 등은 많은 대도시, 중소도시와 마을에서 주된 사교 생활의 수단이었다. 휴가는 연간 1주일 정도였고 휴가를 주로 바닷가에서 즐기는 인구가 늘어났다. 스케그네스 또는 블랙풀 등의 휴양 지역으로 떠났고 그런 휴양지는 연간 1,700만의 휴양객을 맞았을 정도였다.

급증한 중산층 가족들은 호텔이 아니라 로지하우스(lodge house) 또는 B&B(Bed & Breakfast)[2]에서 지냈다. 젊은이에게는 도보 여행이 인기였다. 유스호스텔 연맹은 200여 곳에서 23만 명의 젊은이를 위한 저렴한 숙박 시설을 공급했다.

이 시기에 몰려든 이민의 물결도 사회적 변화의 원인이었다. 1953년 엘리자베스 2세의 대관식 이후 이민에 대해서 긍정적인 열풍이 불었다. 그러나 1958년에 21만 명의 이민 물결이 런던으로 한꺼번에 유입되자, 갑작스러운 사회적 변화로 긴장감이 일어났다. 이민에 대한 허용과 배척으로 대중의 태도는 혼합되었다. 이민자에 대한 극단적인 반감이 직접적인 인종차별로 이어지기도 했다. 1958년 8월 노스켄징턴(North Kensington)과 노팅힐(Nottinghill) 폭동이 대표적이다. 카리브해 지역 이민자들이 급증하자 주거지 다툼으로 공격이 시작되어 폭동으로 이어졌다. 약 1주일 동안 백인 청년들과 서인도제도 출신 유색 인종 간에 극심한 충돌이 계속되었다.

런던 사회는 인종 편견에 대한 논쟁으로 충격에 빠졌다. 1959년 민간 차원에서 해결하기 위한 시도로 카리브해 지역적 특성을 살린 노팅힐 카니발이 시작되었다. 1962년에는 연방 시민 이민법이 제정되어 본격적인 이민의 물결이 합법화되었다. 이즈음 영국민이 호주와 북미 등지로 이민을 나가는 역이민 흐름도 생겨났다. 1950년대에 유입 인구는 67만 6,000명이었던 반면에 해외로 떠나는 이민은 132만 명이었다. 1960년대에는 유입 이민은 125만 명으로 증가했지만, 출국 이민은 192만 명으로 급증했다.

1950~60년대에는 젊은이들의 문화가 새로이 형성되었다. 젊은 여성은 가전제품의 보급으로 가사 노동에서 벗어났고, 1960년 징병제가 지원병 제도로 바뀌자, 젊은 남성들은 군 복무의 부담에서 벗어났다. 젊은이들은 부모 세대와는 다른 옷차림으로, 기성세대와 다른 음악을 들었다. 그리고 전통 찻집에 가기보다는 커피 바(coffee bar)에서 시간을 보

냈다. 베이비 붐으로 1959년에는 10대의 인구가 500만에 달했는데, 이들은 전체 인구의 10분의 1이었다. 젊은이들은 레코드판을 사거나 패션을 위해 소비할 여유가 있었다. 이들은 1950년대 후반기 젊은이들만의 소비문화를 형성했다. 이들만을 위한 잡지와 TV 프로그램이 생겨났다. 이러한 젊은이들은 테디 보이스(Teddy boys)라고 불렸다. 가죽옷을 입고 오토바이를 타는 로커(Rocker)들의 문화와 깔끔한 복장으로 오토바이를 타고 다니는 모즈(Mods)들의 문화도 생겨났다. 이즈음 로큰롤 음악과 팝 음악이 등장했다. 비틀스와 같은 대중음악이 유행하기 시작했다.

젊은이들의 새로운 문화가 청소년 범죄와 비행에 관련될 수 있다는 우려도 있었다. 젊은이들 집단 간의 마찰이나 긴장은 사회적 변화에 대한 긴장과 혼란을 반영했다. 이러한 사회 현상을 방영한 영화와 TV 프로그램도 〈사파이어 Sapphire〉 〈Z카Z Cars〉 〈딕슨 오브 독 그린Dixon of Dock Green〉 〈시계태엽 오렌지A Clockwork Orange〉 등 다수 방영되었다. 이러한 변화와 새로운 문화는 부도덕함과 부패 행위로 비추어졌다. 물질적인 풍요에만 집중하는 경향에 대한 부정적인 인식이 팽배했기 때문이다. 또한 그와 같은 사회적 현상이 전통적 품위를 손상한다는 보수주의적인 성향이 내재하였기 때문이다.

1951년대 영국은 권위와 뿌리 깊은 전통에 존경심을 표현하는 순응주의자들의 사회였다. 이러한 경향은 총선에도 반영된다. 1951년 총선에서 65%의 노동자 계급은 노동당에 찬성투표를 하고, 80%의 중산계층은 보수당에 찬성투표를 했다. 그러나 1956년 수에즈 운하 사태로 정부의 위선과 거짓이 표면에 드러나고, 1961~63년 프러퓨모(Profumo) 불륜 사건은 정치권에 대한 불신을 심화시켰다. 1950년대까지 지속하였던 오래된 사회 규정과 권위에 대한 일반 대중의 존경심이 이 시기에 상실되고 붕괴된다. 더구나 1958년 핵무장 반대 운동은 권위에 대한 도전적 경향을 부추겼다. 개인주의적인 성향이 점점 더 팽배해졌고, 기득권층이 세워놓은 가치관에 대해서 덜 순응하는 냉소적인 경향이 생겼다.

뿐만 아니라 방송 신문 매체는 정치인을 포함한 기득권층의 사생활을 폭로하거나 풍자했다. 기득권 세력들이 어려운 과학보다는 예술을 선호하고, 기득권층이 아닌 재능 있는 사람에게는 배타적이며, 자신들의 실수를 감추려는 데 급급하다는 부정적 인식이 생겼다. 이들 지배 기득권층이 영국을 후퇴시킨다고 각인되었다. 특히, 1951년부터 1964년까지 이어진 보수당 정권 아래서 계급 유동성이 억제된 지배층 중심 사회가 지속되었다고 인식한다. 유권자들은 현대적 기술과 사회적 유동성의 요구를 충족시킬 새로운 지도자를 원했다.

영국 사회는 현대화됨에 따라 일반 대중의 인권에 대한 요구가 더욱 섬세해졌다. 보수당은 이러한 시대 변화를 읽지 못했다. 보수당 대부분 의원은 최상류 출신이었다. 이들은 상류층의 이득만을 대변했을 뿐, '새로운 영국'의 모습을 대표하거나 대변하지 못한다는 인식이 생겼다.

대중의 인식 변화와 사회의 변화를 읽어내지 못하는 정치인을 풍자하는 사회 비판적인 캐리커처가 새로운 예술 분야가 될 정도로 대중의 사회적 인식은 상당한 변화를 겪는다. 더구나 사회적 변화를 감지 못 한 보수당의 지지도를 떨어뜨리는 사건이 연이어 일어난다. 그중 하나는 1962년, 피의 숙청이라고 불리는 사건이다.

맥밀런은 보수당의 지지율이 떨어지자, 자유주의적 경제 정책에 반대하던 내각 3분의 1에 해당하는 7명에 대해서 '피의 숙청'을 계획한다. 이러한 시도는 사전에 누설되었고 보수 내각은 극심한 분열을 겪는다.

맥밀런의 보수당 내각에 커다란 타격을 입혔던 첫째 대형 사건은 1962년 배설 사건(Vassall affair)이다. 배설 사건은 해군성에서 발생한 스파이 스캔들 사건이었다. 하위직 공무원 신분이던 존 배설이 많은 뇌물을 받고 소련에 기밀 정보를 넘기고 상류층 생활을 하다 발각된 것이다. 배설은 동성애자였는데, 당시 동성애자가 공무원이 되는 것이 불법이었음에도 공무원이 된 배경과 세부적인 국가 기밀을 어떻게 수집해 소련에 넘겼는가가 신문방송에서 자세히 방송되었고, 많은 대중의 시선을 끌었다.

1963년 또 다른 대형 스파이 사건이 터진다. 영국 정보부 요원인 킴 필비(Kim philby)가 이중간첩으로 소련에 국가 정보를 대량으로 넘긴 것이 드러난다. 킴 필비는 당시 MI6의 반공 첩보 과장이었고, 정보부 국장으로 승진이 거의 확실시되던 때였다. 10여 년 동안 이중간첩으로 활동하다가 신분이 탄로 나자 소련으로 탈출하게 된 사건이다. 그의 탈출을 도운 내부 첩자가 있을 것이라는 추정으로 보수당의 신뢰는 추락을 거듭한다.

경제적인 풍요를 가져왔던 맥밀런 내각이 실각한 또 다른 대형 사건은 1961~63년 프러퓨모 불륜 사건이다. 이 사건은 기득권층의 거짓과 위선을 모든 영국민이 실감하는 사건이었다. 당시 국방 장관 존 프러퓨모가 크리스틴 킬러(Christine Keeler)와 불륜·스파이 스캔들이 드러났음에도 위선과 거짓 변명으로 일관하자, 이는 맥밀런 내각 자체에 대한 불신으로 이어진다. 이러한 일련의 대형 사건으로 맥밀런 내각은 국가 기밀 관리부실과 거짓 변명, 내부적 부정행위로 실각한다.

맥밀런은 건강상 이유로 1963년 사임하고 상원 의원이었던 앨릭 더글러스-흄(Alec Douglas-Home)이 총리로 취임하여 1963~64년까지 짧은 잔여기 동안 집권한다.

전통적으로 총리는 하원 출신이어야 했기 때문에 더글러스-흄은 총리가 되고자 백작의 신분을 버린다. 더글러스-흄은 신분과 관계없는 평등한 교육 기회를 위해서 11+ 시험을 확대한다. 그러나 그의 태생이 귀족 신분이기 때문에 총리가 되고 난 후에도 대중의 어려움을 이해하지 못하는 구식의 귀족 정치인이라는 이미지를 벗지 못했고, 보수당의 평판을 만회할 만큼 오랫동안 집권하지도 못했다.

외교 정책과 비핵화 문제

미국과 소련의 비약적인 발전으로 영국은 상대적으로 경제적 불안의 시기를 겪고 있었지만, 외교 정책이나 비핵화 문제에서도 소련과 미국 사이에서 위축되었다.

1947년 미국 주재 영국 대사는 영국이 경제적으로 파산 위기에 직면하고 있다고 미국에 호소하면서, 그리스·터키·팔레스타인에서 철수할 것임을 알렸다. 같은 해 영국은 인도와 파키스탄의 독립을 인정한다. 그리고 이것은 대영제국 탈식민지화를 위한 대형 사건이었다. 수에즈 위기에서 영국의 제국주의적 힘이 흔들렸고, 식민지였던 나라들이 속속 독립함에 따라, 탈식민지화가 빠르게 진행되었다. 세계가 탈식민지화로 가고 있음을 직시하면서, 맥밀런은 외교 정책에 대한 제안서인 「미래 정책 연구서(Future Policy Study, 1959~60)」를 내각에 제출한다.

맥밀런은 영국이 정치·경제적으로 서구 유럽에서 영향력을 지속하려면 미국과 관계를 친밀하게 하고, 동시에 열강으로서의 영향력과 경제적 이득을 위해 영연방과도 돈독해야 함을 강조했다.

한편 프랑스 외무 장관이던 로버트 슈만(Robert Schuman)은 1950년에 슈만 플랜(Schuman plan)을 제안한다. 프랑스와 독일이 제2차 세계대전에서 적대 관계를 극복하고 석탄과 강철 관련 사업에서 협력해야 한다는 제안이다. 이 제안을 기반으로 EEC가 출발했다. 제2차 세계대전이 끝나고 냉전이 시작되자 서유럽과 미국이 단합해야 한다는 분위기에 대해서 영국도 지지했다. 하지만, 당시의 보수 내각은 영연방인 호주·캐나다·뉴질랜드와의 전통적 경제 관계도 중요시했다. 영국은 미국과 유럽과 관계에서 경제적 균형을 유지하려고 했으므로 EEC의 설립과 참여에 미온적으로 대처했다. 따라서 1955년 시칠리아의 메시나에서 EEC를 최초로 구성할 때 영국이 참관했지만, 1957년 세부 계획을 위한 회담에는 참석하지 않았다. 참석했던 6개국이 프랑스와 독일 주도 아래 이탈리아·벨기에·네덜란드·룩셈부르크였다. 이때 프랑스 드골 대통령은 EEC가 영국과 미국의 협력 관계에 대비해 서유럽 국가를 보호해야 한다고 주장한다.

영국은 1959년 EFTA를 구성한다. EFTA는 영국·오스트리아·덴마크·노르웨이·포르투갈·스웨덴·스위스 7개국이 모였으나 EEC만큼 성공적으로 운영되지는 못한다. EFTA를 탈퇴하는 국가는 늘어나고, 탈퇴한 국가들은 EEC에 합류했다. EFTA의 와해는 창설 2년 후인 1961년 맥밀런 내각이 EEC에 합류를 신청하면서 가시화되었다. 영국이 EFTA를 창설했는데도, EEC에 합류하려고 했던 가장 큰 이유는 대량 수출이 가능하고 넓은 무대에서 경쟁을 통해 산업 효율성을 추구해 EEC 국가들의 경제적 성장에 합류하고 싶었기 때문이다.

1950년 후반 냉전의 조짐이 생기자, 미국 입장에서는 유럽과 협력이 더욱 필요해졌다. 미국은 영국을 유럽과의 관계에서 연결고리로 여겼으므로 영국의 EEC 합류를 찬성했다. 그러나 프랑스나 유럽의 EEC 국가들은 영국이 영연방과의 관계, 미국과의 관계, 그리고 EEC와의 관계를 모두 유지하고자 했다. 따라서 영국을 EEC에 참여시키는 것은 복잡하고 어려운 일이었다. 특히 EEC의 공동 농업정책(CAP; Common Agricultural Policy)과 같은 경제 규정은 유럽연합의 농업 보조를 위한 시스템이다. 그리고 영국과 영연방 국가와 수출입

특혜 관계는 프랑스 농업 이득에 반하는 것이었다.

프랑스의 농업 보호를 위해서 드골 대통령은 다른 다섯 국가의 의견과 상관없이 1963년 1월 비토(Veto)권을 행사했다. 이것은 영연방의 영향을 덜 받기 위한 것이다.

냉전 상황에서 핵 보유 여부는 민감한 사안이었고 우방국 간의 협력이 절대적이었다. 미국은 맥밀런 내각과 우호적인 관계였지만, 1951년 버지스와 맥클린 사건(The Burgess and Maclean) 이후 소련으로 핵에 관한 정보가 유출될까 우려해 영국과 정보공유를 꺼린다. 이 사건은 영국 고위 정보원이었던 버지스(Guy Burgess)와 맥클린이 소련 스파이라는 것이 발각되자, 소련으로 도망간 사건이다.

미국은 영국의 기밀 보안 유지에 대해 신뢰하지 못하고, 핵무기 정보를 영국과 공유하지 않게 된다. 이에 영국은 독자적인 핵 억지력을 유지하는 차원에서 전쟁 억제와 평화를 위한 핵무기 보유를 결정하고 핵 개발을 시작한다.

1952년에 핵무기 첫 실험에 성공한 영국은 세 번째 핵 보유국이 된다. 또한 미국과 소련에 뒤이어 1957년에 수소폭탄 실험에 성공한다. 1958년 미국은 영국과 상호 방위조약을 체결하고 핵무기 기술정보를 공유하기로 한다.

노동당과 영국 시민들은 핵 보유에 대해서 회의적인 입장이었다. 1958년에는 대중들이 주도해 비핵화 운동 본부가 설립되었고, 정부에 압박을 가할 수 있을 정도로 세력이 확장된다. 이들의 주장은 핵무기 거부와 모든 국가의 비핵화였다. 1958년에 8,000여 명이 비핵화 시위를 벌였고, 1959년에는 저항이 더욱 확대된다. 노동당이 비핵화 노선을 유지하고 있었으므로 많은 대중의 지지도는 보수당에서 노동당으로 돌아선다. 1962년 노동당의 비핵화 노선에 대한 대중의 지지가 더욱 확고해지는 계기가 발생한다.

비핵화를 저항하게 된 대형 사건은 쿠바의 미사일 기지 촬영 사건이다. 1962년 미국의 록히드 U-2 정찰기가 소련 주도 아래 쿠바에 건설 중이던 SS-4 준중거리 탄도 미사일 기지 현장을 촬영했다. 소련이 신생 공산 정권이었던 쿠바의 카스트로 정권에 대해서 미사일 설치를 지원한 것이 드러난 것이다. 미국의 케네디 대통령은 즉각 미사일 철수를 요구했고, 제3차 세계대전을 불사하겠다는 공식 성명을 냈다. 이때가 핵전쟁 위기가 극도로 높아진 순간이었고, 핵전쟁에 대한 두려움이 전 세계를 휩쓸었다. 미국이 소련보다 17배나 많은 핵미사일을 가지고 있었으므로 소련은 위협을 느낄 수밖에 없었다.

결국, 미국은 터키의 대륙 간 탄도탄 기지를 철수하기로 하고, 소련은 쿠바 미사일 기지 건설을 중지함으로써 이 위기는 종결되었다. 화해의 몸짓으로 미소 양국 사이에 전화선이 개통되었다. 핵전쟁 발발의 위기를 겪고 나자, 일반 대중들의 핵무기 확산에 대한 경각심이 더욱 높아졌다. 쿠바 미사일 위기는 일단 해결되었지만, 보수당의 핵 정책은 대중의 두려움을 반영하지 못했다.

일반 대중의 의식 변화는 세계적인 비핵화 흐름에도 영향을 미친다. 1963년 8월 모스크바에서 미국·소비에트 연방·영국 3개국 간에 부분적 핵실험 금지 조약을 조인했다. 지하를 제외한 모든 핵폭발을 금지해 궁극적으로는 핵무기 경쟁을 억제하자는 의도였다. 핵 공격 방안에 대해 미국과 논의를 담은 더글러스-흄 외무 장관과 맥밀런 총리가 미국 국방부 장관과 나눈 「서신」이 유출되었다. 이것은 핵무기에 대한 당시의 대중적 인식과 보수당의 표면적인 정책과는 대치되었다.

더글러스-흄 총리가 집권하던 시기 동안, 연평균 4%의 경제성장이 지속됐다. 상품의 거래 단계별 가격을 정하고 재판매가격 유지법을 철회해, 일반 소비자 가격을 하락시키는 등 대중에게 우호적인 경제정책을 지속했다. 그러나 더글러스-흄 총리는 스캔들과 부패로 쇠퇴한 맥밀런 정부를 이어받았다는 이유로 언론 매체의 표적이 되었고 이에 잘 대응하지 못했다. 결국 1964년 총선에서 근소한 차이로 윌슨의 노동당에 패배하게 된다.

제3장
노동당의 사회주의적 개혁과 불만의 겨울

노동당의 사회주의적 개혁

1964년 윌슨 노동당 내각이 들어설 당시, 대중은 노동당에 대한 기대가 충만해 있었다. 13년간 보수당의 장기 집권 동안 유럽경제공동체(EEC) 발전에 소극적으로 대처했고, 섹스 스파이 스캔들 등으로 대중은 극도로 실망했기 때문이다. 시대의 변화에 구태의연하게 대응한 보수당 지지율은 자연스레 떨어졌다. 반면, 노동당의 사회주의적 노선이 점차 대중들에게 긍정적인 평가를 얻는다.

1964년 총선에서 노동당의 해럴드 윌슨(Harold Wilson)이 13표 차로 박빙의 승리를 거두어, 13년 동안 이어진 보수당의 장기 집권은 마침내 끝을 맺는다. 노동당은 시대의 요구와 변화를 인식해 경제 현대화를 위한 기술과 과학의 혁신을 내세웠다. 또한 기회균등과 평등주의, 국가 주도의 경제 정책을 표방한다. 윌슨은 기술적·과학적 혁명과 변화에 유연하게 대응하는 사회 민주주의적 계획을 제시했다. 그리고 모든 자원과 잠재적인 에너지를 사용해 영국을 다시 세계적인 국가로 만들기 위한 긴장 상태를 유지하겠다고 선언한다.

이때 윌슨의 경쟁자였던 보수당의 에드워드 히스(Sir. Edward Heath)는 다소 딱딱하고 둔하다는 평판이 나돌아 대중의 지지를 얻지 못한다. 그러나 해럴드 윌슨은 영국의 현대화를 위해 실제적이고 매력적인 정치적·사회적 변화를 제시하면서, 1964~70년 그리고 1974~76년까지 두 차례 총리로 선출되었다. 더구나 노동당은 1966년 총선에서 보수당보다 더 많은 의석을 얻어 다수당의 위치로 확고한 지지 기반을 얻게 된다. 다수당이 된 노동당은 경제적 현대화와 과학적 진보에 초점을 맞추고 다양한 분야에서 개혁을 시도한다.

윌슨 노동당 내각은 산업의 효율을 높이기 위한 현대화를 목적으로 보수당 때 민영화된 철강 산업을 다시 국유화했다. 당시 철강과 제조업은 경제성장의 원동력이었으므로 1950년대에 경제 규모의 3분의 1을 차지할 정도로 전체 경제에서 차지하는 비중이 컸다. 특히 제철업은 웨일스와 요크셔의 험버강 유역에서 압도적인 비중을 차지했다. 스코틀랜드와 서미들랜드에서도 강철 생산량의 비중이 매우 컸다. 노동당 내각은 1967년 7월 철강업을 다시 국유화하면서 전국 생산액의 90%를 차지하는 대규모 철강 회사 14개 회사를 '영국 철강 공사'로 통합했는데, 후에 1980년 대처 징부 때 폐지된다.

영국 경제의 현대화가 가장 급선무라는 것은 일반 대중까지 인식하고 있었다.

1963년 「로빈스 보고서(Robins Report)」로 인해서 영국이 서독과 일본 등에 뒤처지고 있다는 실질적인 인식이 만연했다. 전후의 붐이 가져온 번영은 생산성과 성장률로 연결되지 않았고, 오히려 스톱 앤 고 정책의 반복으로 경제 번영은 인플레이션으로 이어졌다. 따라서 파운드의 급격한 가치 하락으로 국제수지 균형에 대한 불만이 지속되었던 것이다.

윌슨 내각의 주된 목표는 보수당이 실행해왔던 스톱 앤 고 정책의 반복적인 정부 통제를 없애고 다른 경제 돌파구를 찾는 것이었다. 윌슨 내각이 이전 내각으로부터 8억 파운드의 적자를 이어받은 것도 재정 부담으로 작용했다. 영국이 경제문제에 대해서 적용해왔던 통화수축이나 파운드의 평가절하에 대해서 윌슨 내각은 어느 것도 정책에 고려하지 않았다. 윌슨 내각은 애틀리 정부가 1949년 취했던 파운드의 평가절하 정책으로 경제를 회복시키지 못했기 때문에, 또

다시 노동당이 파운드의 가치를 절하시켰다는 오명을 얻을까봐 파운드 평가절하 정책을 의도적으로 회피했다. 인플레이션을 막기 위한 디플레이션(통화 수축)은 스톱 앤 고 정책과 같은 맥락이어서 복지와 기술에 대한 동시 투자는 불가능하기 때문이기도 했다.

1964년 집권 후 윌슨 노동당 정부는 유럽 대륙의 현대화 기류에 합류하고자 했고, EEC 가입을 목표로 삼았다. 지금까지 프랑스는 영국의 EEC 가입을 거부해왔다. 영국이 영연방 국가들의 특례관계로 인해서 연방국가에서 생산된 농산물을 싼 가격으로 프랑스가 수입하면, 프랑스의 주요 산업인 농업에 타격을 줄 우려가 있기 때문이었다.

윌슨 정부가 연방국가의 이익 유지를 우선시하는 외교 방침을 내세웠으므로, EEC의 가입은 어려운 과제였다. 영국 영연방 국가로의 수출은 1954년 이후 11년 동안 48%에서 35%로 감소했고, 반대로 서유럽 국가로의 수출은 28%에서 38%로 증가했다.

영국 측에서는 유럽으로 수출량이 늘기를 원했고, 이를 위해 유럽 국가의 현대화된 산업과 기술을 들여올 필요가 있었다. 영국의 EEC 가입은 영국 경제가 유럽 국가에 뒤처지는 당시의 상황을 타개할 희망적인 돌파구처럼 보였다. 그러나 1967년 프랑스의 거부권 행사로 다시 EEC 가입은 좌절된다. 노동당의 실패는 다음 내각인 보수당에 동기를 극대화해주었고, 에드워드 히스 보수당 내각 때 마침내 EEC에 가입한다.

윌슨 내각은 경제 위기를 극복하고자 조심스러운 계획으로 경영을 시도한다. 이를 위해 조지 브라운(George Brown)이 이끄는 경제 부처를 신설했고, 경제계획 위원회를 구성했다. 성장 목표를 차근차근 설정해 이를 국가적 시스템으로 도입하고자 한 시도였다. 산업체·노동조합·공무원 대표가 모두 모여 자발적으로 임금과 가격에 대해서 합의하고, 인플레이션을 방지하는 자체 억제책을 만들고자 했다.

이전 보수당의 국가 통제 경제정책인 스톱 앤 고 정책을 그만두려는 노력의 일환이기도 했다. 그러나 조지 브라운이 제시한 경제 해결책은 아무런 성과를 가져오지 못했다. 정치적인 불일치와 팀 구성에서 인물 선정, 통일된 내각 내의 지지 부족, 충동적인 계획과 일관성 부족 등이 원인으로 지적되었다. 윌슨 내각은 결국 조지 브라운의 해결책을 그만두고, 물가와 소득 규제정책으로 경제정책을 실행한다.

해럴드 윌슨은 1960년대의 사회 문화적 경향을 더 잘 이해하고 있었기 때문에 선거 공약에서 기술적 변화와 과학혁명의 과열 현상(white heat)을 따라잡겠다고 약속했다. 윌슨은 초기에는 노동당 내에서도 좌익적 사회주의 성향을 가졌던

인물이었다. 약 처방의 환자 부담 정책에 반대해 사임할 정
도였으며 노조에 관해서는 노동당의 강경파인 휴 게이츠컬
(Hugh Gaitskell)과 같은 노선을 취했다. 그러나 한편으로는 국
유화에 적극적이지 않았고, 영국의 핵무기 억제책을 지지하
고, 노동조합의 개혁을 시도했다. 이 때문에 후기에는 온건
좌파로 불리거나 기회주의적이라는 비평을 받았다.

영국은 1952년, 프랑스는 1960년, 중국은 1964년에 각각
최초의 핵실험을 시행했다. 그러나 핵무기의 확산이 핵전쟁
의 위험을 초래할 수 있다고 보고 윌슨은 영국의 핵무기 개
발 제한에 찬성해 1967~68년 미국·소련·영국의 핵무기 비
확산 조약을 체결한다. 이 조약에서 "1967년 1월 1일 이전
에 핵병기와 기타의 핵폭발 장치를 제조하고, 폭발 실험을
한 나라" 이외의 국가를 비핵 보유국으로 규정했다. 그리고
비핵 보유국에 대한 핵병기의 이양이나 기술이전, 나아가 비
핵 보유국의 핵병기 수령·제조·보유를 금지했다. 핵 보유국
5개국 이외의 국가들에 핵병기 제조 능력의 확산을 방지하
기 위한 조약이었다.

한편 윌슨은 이전 보수당의 집권을 소모적인 시간이었다
고 규정함으로써, 노동당의 현대화에 대한 의지를 확고하게
했다. 윌슨은 이전 보수당 정권의 총리를 지냈던 이든, 맥밀
런, 더글러스-흄이 갖고 있었던 구식의 이튼 스타일인 특권

계급적인 요소를 갖지 않았다. 오히려 그는 총리로서는 최초로 공립학교 출신이었다. 파이프 담배를 피우는 노동 운동가적 이미지를 내세웠고, 요크셔 액센트로 연설했으며, TV에서도 여유 있고 능숙한 대응을 보여주었다.

그러나 윌슨은 내적으로는 자신이 내린 결정과 지도력에 대해서 늘 불안해했고, 개인 보좌관과 일부 신뢰할 수 있는 조언자들에 의존하는 경향이 있었다고 한다. 어떤 결정을 내리기 전에 보좌관과 조언자가 다우닝가의 부엌에 모여 자주 회의를 했다고 해서 이들을 '부엌 내각'이라 부르기도 했다. 또한 그의 이러한 행동이 각 분야의 장관과 긴밀한 관계를 맺는 데 방해가 됐다는 평가도 있다. 이 때문에 그가 정당 내부에서 지나치게 경쟁자들을 의식한다는 억측을 낳기도 했다.

1964년 '변화의 바람'이 불자, 18개 식민지국이 독립하고 영연방으로 가입했다. 윌슨 내각은 수에즈 운하 등에 주둔 병력의 군사적 부담을 줄이기 위해 탈식민지화에 찬성했다. 그러나 일각에서는 영국이 여전히 세계적으로 중요한 역할을 해야 한다는 믿음이 있었다. 따라서 미국과 각별한 관계를 유지하려고 애쓰면서, 유럽 국가와의 관계에서는 미묘한 갈등이 있었다. 이러한 갈등은 1964년 미국이 주도한 베트남 전쟁 참전 문제나 EEC 가입 시도에서 표면적으로 드러났다.

윌슨은 친 미국주의자였지만 북대서양 동맹 지지자였다. 그러므로 베트남 전쟁이 발발했던 1964년 당시 미국 대통령 린든 존슨(Lyndon Johnson)과 친분이 있었는데도 직접적인 군사 파병을 거부한다.

베트남 전쟁이 영국 내에서뿐만 아니라 노동당 내에서도 지지를 얻지 못하는 상황이었기 때문이다. 영국의 재정적인 문제도 파병할 수 있는 여유가 없었다. 결국 미국의 기대와 예상에도 불구하고 베트남 전쟁에 대해서 정신적인 지지에 그치게 된다. 윌슨은 EEC 가입이 어려워지자 북대서양 동맹과 영국연방국들과 연맹을 돈독히 했다. 그러나 1966년 경제적인 이유로 또다시 EEC 가입을 고려하고, 드골을 만나기 위해 파리와 유럽의 몇몇 국가들을 순방해 도움을 요청한다. 그러나 1967년 드골의 두 번째 거부권 행사로 영국의 EEC 가입은 또다시 좌절되었다.

이 시기에 윌슨 내각은 다시 강력한 복지 정책을 시행한다. 대중이 받아들이기에 좀 이른 감이 있는 자유주의적 개혁 법령도 그 목적으로 제정된다. 낙태 허용(1967), 동성애 허용법(1967), 사형 금지(1965), 이혼법(1969)과 교육에 대한 자유화 등의 법률제정이 통과되었다. 언론 매체와 대중은 이러한 정책에 반감을 보였고, 시대를 앞서간 법령이라고 평가했다. 한편, 이때의 강력한 복지 정책은 1960년대에서 1970년대까지 영국병의 원인이 되었다. 영국병이란 강력한 복지 정책을 추진하다가 성장 동력이 되는 산업 경쟁력을 잃어버리고 경기 침체가 지속되었던 현상을 말한다. 성과와 무관하게 평등한 보수를 받는다든지, 파업을 통해서 임금을 올려 받는 현상이 지속되는 등, 레너드 제임스 캘러헌(Leonard James Callaghan) 총리 내각이 집권하던 1978년의 '불만의 겨울'은 그 절정에 이른다.

그런데도 노동당 내각이 주도했던 공공을 위한 사회복지 제도는 주변국에 퍼졌고, 긍정적인 영향으로 평가된다. 윌슨은 어린 나이인 11세에 미래 직업과 능력을 결정했던 11+ 시험이 사회의 계급적 분열을 일으킨다고 여기고 이를 개혁하고자 했다. 11+ 시험은 어린 학생들을 시험 낙오자로 규정하는 방식이므로 사회 분열을 초래하는 제도라고 지목하면서, 각 지방의 교육청이 그 지역에 맞는 종합학교를 세우도록 장려했다.

종합학교라는 개념은 모든 학생이 모든 과목을 자신의 능력과 학습 속도에 맞게 배울 동등한 기회를 갖게 하자는 것이다.

또한 각각의 학생이 자기 능력에 맞는 시험을 치르도록 하는 학습자 중심의 교육 체계다. 개선해야 할 점이 많은 데도, 모든 학생에게 문법학교 수준을 교육할 수 있게 하려는 교육 기회균등의 의도가 있었고, 학생 중심 교육으로 바꾸려는 계기가 되었다. 그러나 종합학교 교육개혁은 법으로 명시되지 않았다. 학교의 새 건물 건축의 지원 조건으로 제시되었으므로 강제적 개혁이라기보다 인식의 변화를 유도하는 상향(bottom-up) 방식으로 개혁을 진행했다. 이 교육개혁은 영국 사회의 근본적인 인식 변화를 반영하기 위한 것이었다. 인식 변화에 따른 개혁이 위에서 강제되기보다는 아래서부터 비롯되어 제도로 반영되고 채택되는 방식을 선택한 것이다.

당시 영국에는 과학과 기술교육에서 뒤처져 있다는 두려움이 있었다. 1961년 소련의 유리 가가린(Yurii Alekseevich Gagarin)이 최초로 우주 비행에 성공했고, 1969년 미국이 달에 최초로 착륙했다. 이 때문에 윌슨 내각은 과학의 발전을 주된 정책 목표로 정했다. 그리고 경제적으로 어려운데도 구체적인 성과를 이루어낸다. 가령 프랑스와 협력해 초음속 콩코드 비행기를 개발했고 영국의 가장 높은 빌딩인 우편 탑을 건설해 1965년에는 전기통신 네트워크를 구축한다.

1961년 로빈스 위원회(Robins Committee)를 설립해 교육 전반의 질을 높였다. 「로빈스 보고서」는 영국의 대학이 프랑스·독일·미국보다 뒤처졌고 너무나 많은 학생이 예술 관련 과정을 이수하고 있어 과학과 기술이 배제되었다고 보고했다. 이러한 문제의식을 바탕으로 1968년 윌슨 노동당은

30개의 폴리텍 대학과 56개의 대학을 설립해 기술과 과학의 증진, 고등 교육 기회의 확대를 추구했다. 윌슨은 특히 교육의 기회균등, 교육 현대화, 유망한 기술 분야 교육을 위해 1969년 개방대학 설립을 추진한다. 이 대학은 대학 교육을 놓친 일반 대중을 위해 예술과 과학기술 분야에서 고급 학위 수준의 학습 기회를 제공하고자 했다. 라디오를 통해 원격 수업이 가능해지자 많은 여성과 소외 계층 등이 대거 개방대학 교육에 참여했으므로, 이들이 사회적 낙오자가 아니라는 자부심을 가질 기회가 되었다.

1960년대는 대중 매체가 규모와 종류에서 다양하게 성장하는 시기다. 1961년 75%의 가정이 TV를 보유했고 1971년에는 91%에 달했다. 방송이 전국 어디서나 청취되었으므로 대중의 문화적 통일과 단일화가 시작되었다고 볼 수 있다. TV 시청에서 소외되거나 고립된 공동체는 거의 없었다. 라디오와 신문으로 보급되던 뉴스를 TV로 접할 수 있게 되었고, TV는 오락의 수단으로서 극장을 대신했다.

그렇다고 라디오 문화가 사라진 것은 아니었다. 라디오는 소형화되고 자동차에 장착되면서 개인적인 청취가 가능해졌다. 젊은이들과 기성세대가 듣는 음악이 달라졌고, 팝 음악이 빠르게 보급되는 통로가 되었다. TV로 인해서 신문이 사라지지도 않았다. 오히려 새로운 일간지(「더 선The Sun」 「데일리 헤럴드Daily Herald」) 등이 생겨났는데 이것은 신문광고 게재와 기존의 독서 문화가 있었기 때문에 가능했다.

영국 현대화의 특징으로 적극적인 예술 진흥 정책을 손꼽을 수 있다. 윌슨 노동당 내각은 영국 사상 최초로 예술 담당 장관을 임명한다. 예술 진흥 정책의 확충을 꾀한 것이다. 개인주의적이고 자유주의적인 영국인의 특성이 반영되어 예술에서도 국가 규제와 통제, 검열이 완화된다. 검열이 완화되자 극작가는 사회문제를 다루기 시작했고, 관념이나 추상적인 예술보다는 경험주의·현실주의 경향이 주목받았다.

1960년대 영화는 좀 더 대담해지기 시작해 여러 편의 영화(〈달링Darling〉 〈알피Alfie〉 등)가 방영되었다. 1960년대 중반 이후는 기존에 금지되었던 섹스, 폭력, 정치, 종교 등의 이슈를 TV에서 다뤘다.

1960년대는 빅토리아 시대 이래로 지속되었던 전통적인 문화가 파괴되는 시기다. 패션과 팝 음악에서도 세대교체가 이루어져 기존 질서와 권위에 비판적인 경향의 저항 문화를 형성했다. 젊은 세대의 강렬한 에너지를 폭발시키고 불만의 돌파구를 찾는 경향이 나타났다. 제임스 본드 영화나 『딕 프랜시스Dick Francis』 추리소설과 1951년부터 방영된 후 최장수 프로그램이 된 〈더 아처The Archers〉 등 멜로물을 다룬 라디오 드라마와 1963년부터 방영된 〈닥터 후Docter Who〉가 유행하는 등 대중문화에 커다란 변화가 있었다.

또한 1960년대는 팝 음악의 전성기이다. 롤링스톤스(Rolling Stones)와 비틀스(the Beatles)는 일찍이 제국주의로 알려진 영국에 대한 전혀 다른 인상을 전파했다. '리버풀 사운드(the Liverpool Sound)' '스윙잉 식스티스(the Swinging Sixties)', 그리고 '런던의 카나비 스트리트(the London of Carnaby Street)' 등도 수에즈 운하 사태(1956)에서 이집트에 대한 위협을 가했던 것과는 전혀 다른 영국의 이미지를 만들었다.

1960년대 여성의 일반적인 지위와 역할은 약간의 진전은 있었지만 크게 변하지 않았다. 집안일을 하고 아이들과 남편의 식사를 챙기는 모습이 이상적인 여인상이었다. 여성이 직장을 갖는다 해도 대다수가 사무직이나 서비스 분야였고 전망도 봉급도 형편없었다. 대중 매체에서는 일하는 여성을 부자연스럽고 이기적인 것으로 묘사했다. 1970년대 전까지 여성 운동은 크게 진전이 없었다. 전통적인 여성의 역할에 변화가 없었고, 여성의 주말 활동으로는 정원 가꾸기·요리·뜨개질·바느질 등이 있었다.

주말에 일하는 인구가 줄어들었기 때문에 오락과 휴가에 대한 관심이 증가했다. TV의 보급으로 라이브 극장의 인기는 줄었지만, 자동차의 보급률이 급격하게 상승해 장거리 여행과 여행 설비 및 레저 시설관련 산업이 성장했다. 쇼핑도 대량 생산과 다양한 광고 채널로 인해서 그 자체가 여가활동으로 여겨졌다.

젊은 세대들은 이전 세대와 다른 그들만의 문화를 형성했다. 생활수준 향상과 기술 발달로 교육의 보급이 확대되고, 레저 시간이 많아졌다. 새로운 신기술로 값싼 레코드 플레이어와 플라스틱 레코드판이 판매되어 누구나 자신의 취향에 맞는 음악을 들을 수 있었다. 젊은 세대가 기존의 규칙에 의문을 품고 자신의 권리를 주장하면서, 음악 취향·패션·마약과 섹스에 관련된 도덕적 기준에서 부모 세대와 갈등을 일으키기 시작했다.

불법적 마약보다는 알코올·담배·카페인을 흔히 사용했고, 전통 규칙을 와해시키는 풍조가 생겨난다. 여성이 바지를 입고, 남자가 화려하고 밝은색의 옷을 입기도 했으며, 계급과 성별 간의 사회적 구분을 거부했다. 1960년대 말에는 완전히 면도한 머리를 특징으로 하는 스킨헤드와 징이 박힌 닥터 마틴(Dr. Martin) 부츠가 유행해 히피 문화 풍조와 더불어 당시의 대중문화를 형성했다.

히피 문화는 사회적 관습과 기성세대의 태도를 거부하고 미국에서 건너온 '꽃의 힘(flower power)'의 영향을 받아들인다. '꽃의 힘'이란 총이나 대포의 탄환 대신 꽃이 발사되게 하자는 물결이다. 이들은 아이들의 힘을 노래하면서 평화를 사랑하고, 자연으로 회귀(回歸)를 외쳤다. 그리고 환경 보존 주의와 자유연애, 평화를 강조하면서 대안적인 생활양식을 선호했다.

자유주의에 기초한 젊은이들의 반항은 기존 세대에 대한 반전운동과 정치 활동, 사회운동 참여로 나타난다. 1968년 베트남전쟁을 반대하는 시위가 런던에서 격렬하게 일어난다. '그로스버너 광장 시위(The Battle of Grosvenor Square)'에서는 200여 명이 체포되기도 했다. 하지만 이민자들의 대규모 유입으로 인한 긴장 관계에서 젊은이들의 저항적 사고방식은 이민 물결의 다양성을 받아들이는 긍정적인 역할을 한다. 이러한 변화는 정책에도 반영된다.

1965년 유색 인종과 출신 국적에 따른 차별을 금지하는 제1차 인종 관련법이 제정되었다. 또한 1968년에 주택·고용·보험을 비롯한 여러 서비스 분야에서 인종차별을 금하는 제2차 인종 관련법이 제정되는 등 좀 더 현대적인 개념의 민주주의 개혁이 실현된다.

한편 1968년 보수당의 이넉 파월(Enoch Powell)은 악명 높은 '피의 강 연설'을 통해 이민자들의 유입과 이들에 대한 복지에 반대하는 연설을 한다. 사실상 그의 연설은 이민자의 유입 물결에 대한 영국민의 상반된 심정을 반영한 것이다. 당시 보수당의 히스 총리는 그를 내각에서 즉각 해임한다.

그러자 파월 해임에 반대한 저항 행진이 다우닝가에서 있었다. 당시 갤럽 조사에 따르면 75%의 시민이 파월의 말을 지지했다고 한다.

이런 시기에 이민자들과 갈등을 완화해 함께 사는 공동체를 만드는 긍정적인 시도는 젊은이들의 몫이었는데, 이는 이들의 의식이 반영된 것이다.

아시아 코너 상점의 등장과 중국 음식의 테이크어웨이 음식점과 같은 새로운 음식 문화와 거리 문화가 젊은 세대에게는 다양성으로 받아들여졌다.

1960년대 후반 젊은이들의 히피 문화는 인디언과 아프리카식 천과 아라비아식 바지, 인디언식 스카프나 구슬 장식을 받아들였다. 동양적인 스타일과 인디언적인 스타일이 음악과 재즈 등에서도 받아들여졌다.

1960년대의 이러한 사회적 특징을 시인 라킨(Larkin)[3]은 허용적인 사회(Permissive society)라고 언급한다. 일반 대중의 개인적인 도덕관, 개방적 가치관의 변화와 함께 섹스의 자유를 언급하는 것이다. 비평가들은 피임약의 보급, 대중 매체의 확산, 자유주의 법에 따라서 전통적인 도덕 기준이 무너진다고 믿었다. 허용적인 사회 개념은 매체에서도 마찬가지였다. 이전에 금기시되던 주제들이 10대들의 잡지와 일반 서적, 라디오와 TV에서 거론되었다. 그러나 10대들에게 섹스와 관련한 자유주의적 전염은 심각해 보였다. 히피 문화와 자유연애의 확산은 사랑과 평화 운동과 더불어 마약 남용 등의 심각한 경향으로 변질되었다. 급기야 1967년 위험 약물법이 제정되고 마약 공급책은 최고 14년 형을 받기도 했다. 도덕 운동가였던 메리 화이트하우스(Mary Whitehouse)는 이런 경향에 우려를 표하면서 국내 시청자 협회를 조직하지만 큰 영향을 미치지는 못했다. 그러나 극단으로 치닫고 있는 사회 현상에서 다른 쪽의 균형을 잡는 역할을 했다는 평가를 받았다.

1966~67년 어업조합(NUS; the National Union of Seamen)의 극심한 장기 파업이 일어났고 이로 인해 다시 파운드 위기를 맞는다. 윌슨 내각이 파업을 제압하면서, 노동당 내부에서도 놀랄 정도로 파업에 대해 비판적인 태도를 보인다. 이것이 후에 노동당 내각과 노동조합과 우호적인 관계가 붕괴되는 원인이 된다. 노동당은 국방비를 감축하고 일반 상품의 할부 구매를 제한하고, 이자율을 높여 스톱 앤 고 정책은 아니지만, 디플레이션 정책을 실행한다. 실제적인 금리를 상승시킴으로써 채무상환 부담이 증가하면, 기업은 자산을 매각한다.

기업은 수익성이 감소하면, 투자와 고용도 감소시킨다. 따라서 윌슨 내각은 파운드의 가치를 올리는 방법으로 파운드

위기를 극복했다. 그러나 1967년 제3차 중동 전쟁의 발발로 원유 공급 부족과 주요 항만의 파업이 일어나고 국제수지에 악영향을 미쳐 경제적인 위기를 맞는다. 윌슨 내각이 어쩔 수 없이 디플레이션 정책을 채택하자, 이때 파운드 가치는 14% 정도 하락하게 된다. 설상가상으로 영국은 EEC에 가입 하고자 했으나 거절당한다. 파운드 하락과 평가절하에 뒤이 어 EEC의 가입 거절은, 윌슨 내각 경제정책의 무익함을 보 여주었다.

로이 젠킨스(Roy Jenkins)가 재무부 장관이 되었을 때, 일시 적으로 경제지수는 약간 상승 기류에 있었다. 젠킨스는 디 플레이션 방식으로 세금을 올리고 정부 지출을 줄였으며 국 제수지 향상을 우선시했다. 드디어 1969년 국제수지는 흑자 로 돌아섰다. 그런데도 윌슨 내각의 신뢰는 떨어졌고, 결국 1970년 보수당이 총선에서 승리한다.

영국에서 전후 합의의 중심에는 노동조합의 역할이 있었 다. 노동당 내각이 완전고용을 실현했으므로 노동조합원들 의 만족도는 상승했고, 노동조합의 역할에 대해서 60% 이상 의 대중도 우호적이었다. 그러나 대중의 호감도는 1966년과 1967년에 노동조합의 분규로 악화되기 시작한다.

어부와 항만 노동자의 총파업은 산업과 정부에 경제적 문 제를 일으켰고, 일부 파업은 노조 본부의 승인 없이 이루어져서 노조 내부의 갈등이 표출되었다.

사회주의적 복지 정책과 노동조합의 활동이 격심해지자, 노동조합과 조율은 점점 더 힘들어졌다. 게다가 이민자가 늘어나자 이들에 대한 처우 문제도 논란이 되었다. 북아일랜드의 폭력과 폭동으로 변질되는 학생 저항 등, 사회적 스트레스는 가중되었다. 더구나 경쟁과 이익추구에 의해서 움직이는 산업계에 대한 정책 입안과 컨설팅에서 전문성의 부족이 걸림돌이 되었다. 경제적인 문제가 점점 악화하자 정책이 방향성을 잃었고, 진척이 모호해졌다. 산업의 현대화를 유도했지만, 오히려 파운드화의 평가 절하, 노사 관계의 악화, 유럽 공동시장 진출은 실패한다.

1970년, 보수당의 짧은 집권: 히스 총리

보수당의 히스는 1970년 총선에서 노동당을 꺾고 승리하는데 이는 의외의 사건이었다. 히스는 강력한 정부를 운영할 수 있다고 생각하고 영국의 현대화에 전념한다. 그는 인간관계가 매끄럽지 못하다는 평판이었지만, 양심적이고 열심히 일하는 총리였다. 또한 보수당으로서는 최초로 공립학교 교육을 받은 중산계층으로 이전 보수당 지도부의 대다수가 이튼 출신[*]이었으므로 이들과 출신 배경이 전혀 달랐다.

그는 윌슨과는 달리 음모와 계략에 관심이 없고, 정직하고 지적이며 실무 능력은 뛰어나다는 평판이었다. 하지만 대중과의 소통능력이 부족하고 대화 기술에 능하지 못했다. 정책에는 능하지만 정치에는 능하지 못하다고 동료는 평가한다.

그는 지금까지 좌절되었던 EEC 가입에 성공한다. 이어 직접세에서 간접세로 세금 체계를 전환하는 등 경제개발과 지방정부의 시스템을 개혁하고, 사회적 민주주의를 실천하고, 핵실험 금지를 주장한다. 그러나 1973년에 정점이 되었던 유류 파동에서 비롯된 대규모 경제적·정치적 위기를 맞는다.

1972년과 1974년 두 차례 임금 인상을 요구하는 광부 노조의 파업을 제압하지만, 1974년 총선에서 패배한다. 그의 정책은 과격한 좌파 세력의 노사분규를 악화시킬 뿐 근본적이고 광범위한 경제문제를 해결하지 못했다. 민주당과 협력에 성공하지 못하고, 1974년 4년간의 집권을 끝낸 후 노동당에 내각을 넘긴다.

1970년대의 불만은 전후 합의의 분위기가 와해된 것에도 원인이 있다. 합의된 정책이 효과를 보지 못하고, 노조는 비협조적이었으며, 사회문제와 가난 극복을 위한 노력은 끝이 없어 보였다. 노동당이 주도했던 전후 합의가 더 이상 효과 없다는 우려가 만연해지자, 보수당의 새로운 아이디어가 지지를 얻는다.

노동당 집권 시기에 통과된 낙태 허용·동성애·사형 금지·이혼 허용과 교육에 대한 자유주의적 개혁 법령의 제정은 다소 시대를 앞서가는 진보적인 개혁법으로 인식되었으므로 대중 매체의 비난을 받았다. 지나친 자유주의적인 개혁법에 대한 대중적 반감은 히스 보수당의 승리에 한몫했다. 전후의 붐으로 의식이 변하고, 전후 합의 가능성에 대해 회의적이었던 히스는 노조 개혁과 남녀평등의 필요성을 내세운다. 1970년 남녀 동일 임금법이 통과되고 1973년 여성 고용으로 주식거래 시장에서 사회적인 혁신도 이룬다.

노동당은 프랑스 중심의 EU 가입에 대해서 소극적이었다. 그러나 영국 경제가 서유럽 국가들에 뒤처지고 있다는 자각으로 인해 경제 현대화를 위해 EEC에 가입을 시도했으나 두 차례나 좌절된다. 한동안 영국은 유럽 내에서 그동안 누렸던 높은 지위를 잃는 듯했다.

1970년 윌슨 정부를 뒤이은 히스의 보수당 내각은 EU의 몇몇 국가와 교섭해 가맹을 위한 사전협의를 한다. 1973년 1월 덴마크·노르웨이·아일랜드 3개국이 영국을 포함한 '확대 EC'를 발족한다. 이는 영국이 유럽과 영연방 중 경제적으로는 유럽을 택했다는 것을 의미한다. 연방 국가와 미묘해진 관계, 농업 보호 문제, 국민감정 등 내부 갈등이 있었다. 그러나 영국 경제의 현대화와 발전을 위한 거듭된 시도로 마침내 1973년 EEC 가입에 성공한다. EEC의 가입은 지속해서 문제시되었던 영국의 경제 회복과 현대화에 대한 기대를 가져왔다. 그러나 한편으로는 EEC의 가입은 영연방 군주국으로서 위상과 미국과 특권적 관계에서 벗어나, 평범한 EEC 회원국 중의 하나가 된다는 것이므로 영국 국민의 자부심에 반하는 것이기도 했다.

히스의 보수당 내각이 자유방임적 신자본주의 정책을 폈을 때, 초기에는 경제적 회복세로 들어선다. 실업률도 3.4%로 비교적 낮아졌다. 1973년 1월 EU에 참여하게 되었으므로 수출 대상국이 영국연방 지역의 비중이 작아지고, 서유럽 지역의 비중이 높아졌다.

앤서니 바버(Anthony Barber)재무부 장관은 공공자금의 소비를 감축하고 투자를 장려하기 위해서 감세 정책을 실행한다. 이후 바버 붐(Barber boom)이 급격한 인플레이션과 함께 일어난다. 그러나 경제성장이 수반되지 않았으므로 실제로 실업률과 물가는 상승한다. 경기 불황 중에 물가가 계속 오르는 이와 같은 현상을 스태그플레이션이라고 부른다. 실업률이 최고점에 이르자 1971년 롤스로이스를 국유화한다.

또한 어퍼 클라이드 조선소 협력단이 파산 위기에 처하자, 적극적으로 지원한다. 히스의 보수당 내각의 이러한 정책은 자유방임적인 기업 경제원칙에서 후퇴해 노동당의 정책을 따라간다고 해 '정책의 유턴'이라고 불렸다. 정부의 투자로 현대화에서 진척이 있었고, 실업률도 일시적으로 감소한다.

그러나 1973년 유류 파동이 일어났다. 유류 파동의 원인이 되었던 아랍과 이스라엘의 욤 키푸르 전쟁(Yom Kippur War)이 발발하고 제4차 중동 전쟁으로 확산되었다. 원유 수출국 기구인 OPEC(Organization of Petroleum Exporting Countries)이 석유 통상 금지령을 내리자 수출이 갑자기 중단된다. 에드워드 히스 내각은 사무실과 공공건물, 공장 등에 주 3일제를 선포한다. 3일만 전기 사용을 허용하고 임금을 동결했다. 석유 가격은 4배까지 치솟고 석유를 사기 위해 사람들이 주유소에서 오랫동안 긴 줄을 서야 하는 상황이 벌어졌다. 유류 파동이 일어나자 영국은 갑자기 실업률이 5.5%로 치솟는 경제 위기를 맞는다. 원유가격을 감당할 수 없자, 석탄에 대한 연료 의존도가 증가했고 석탄 산업이 의외의 호황을 누린다.

석탄 산업이 때 아닌 호황을 누리자, 광부 노조 눔(NUM; the National Union of Miners)은 임금 인상을 요구하면서 격렬한 시위에 나선다. 1971년 1월 9일 전국 289개의 탄광에 28만여 명의 광부가 참여한다. 이들은 두 자릿수 임금 인상을 주장하면서 대규모 파업을 한다. 원유 파동으로 인해 에너지의 75% 이상을 석탄에 의존했으므로 당시 영국의 모든 시설과 산업체가 파업의 여파로 문을 닫았다. 1975년 정부는 파업에 굴복해 광부들 요구를 들어주었고 석탄 광업 근로자들 임금은 30%나 올랐다. 그렇게 올라간 임금은 인플레이션을 가중시켰다. 인플레이션으로 오른 물가 때문에 노동자들은 더 많은 임금 인상을 요구하는 악순환이 시작되었다. 갑작스러운 물가상승은 약한 경제 기반을 흔들었다. 강력한 노조의 무리한 임금 인상 요구와 복지 지출 충당을 위한 재정 적자가 심화되었다.

1972년 겨울에는 전력 노동자와 소방관이 파업에 합세했다. 1974년까지 이어지는 산업체 곳곳의 파업과 시위는 히스의 보수당 내각과 노조의 충돌로 이어진다. 히스 내각은 1974년 산업 관계법을 통과시키고 임금·가격·투자·이득에 대해 협상을 하려고 했으나, 강력한 노조와의 분쟁은 더욱 극렬해졌다. 1974년 히스 내각은 결국 실각한다.

히스 내각 집권 시기 또 다른 어려움은 북아일랜드에서 일어난 폭력 사태였다. 1920년 아일랜드는 독립했지만 북아일랜드는 영국에 속했었다. 오랫동안 영국의 성공회 교도에게 차별과 억압을 받았으므로 1916년 IRA(아일랜드 공화국군)를 결성해 무장투쟁을 해왔던 지역이다.

1972년 1월 북아일랜드에서 시민권 운동 중이던 비무장 가톨릭교도에게 영국군이 발포함으로써 14명의 사망자와 13명의 부상자를 내는 유혈 사태가 일어난다. 이것을 피의 일요일이라고 하는데 이는 북아일랜드 분쟁 중에도 주요 사건이다. 이후로도 아일랜드 공화국군의 재무장을 불러일으키는 등 갈등이 더욱 심화하는 계기가 된다. 히스 정부는 아일랜드 공화국군을 제압하는 동시에 정치적인 해결책을 찾으려 했다. 1972년 북아일랜드를 위한 국무 장관으로 북아일랜드 출신인 윌리엄 화이트로(William Whitelaw)를 임명했다. 1973년 서닝데일 협약(Sunningdale Agreement)을 맺고 독립주의자와 노조의 권력 분담을 계획해 해결의 전조가 보이는 듯했다. 그러나 영국 본토의 광부 파업과 유류 파동, 그리고 1974년 총선 결과로 좌절된다.

윌슨 총리의 노동당 내각 재집권

1974년 총선에서 노동당은 5표의 차이로 승리하고 해럴드 윌슨이 다시 총리로 오른다. 그러나 유권자의 절대적인 지지를 받는 당이 없어 절대 다수당이 없는 형 의회(Hung parliament)가 형성되었기 때문에 경제 위기에 정치 위기가 더해졌다.

박빙의 차이로 승리한 윌슨은 1964년 6년간의 총리 재임 시기보다 국정이 수월하지 않음을 깨닫는다. 경제는 위기에 봉착했고, 인플레이션은 15%에 달했으며, 무역수지의 적자는 30억 파운드였다. 노조는 더욱 강력하고 폭력적이었으며, 북아일랜드 문제도 위태로운 상황이었다.

윌슨 내각은 기술적 현대화에 집중하면서, 좌익과 우익 두 입장 간의 긴장을 최소화하고자 노력한다. 히스 정부에서 1971년 시행했던 산업 관계법을 폐지했고 식품 보조금과 임차료가 증가하자, 광부 노동조합(NUM; National Union of Miners)과 협상해 위급 사태를 선포한다. 그리고 전기 사용의 주 3일제를 끝내는 조건으로 사회계약법을 통과시킨다. 사회계약법은 노조 연합의 조합원에게 자발적으로 임금을 동결하도록 설득하는 법이다.

1974년 이후 윌슨의 노동당 내각은 다시 적극적인 사회주의적 정책을 실행한다. 1975년에 석탄 근로자들 임금은 석유 파동 이후 석탄 노조의 요구대로 30%까지 상승했다. 임금상승은 인플레이션을 가중시키고, 물가가 오르고, 다시 더 많은 임금 인상을 요구하는 악순환이 거듭된다. 노동당 내각이 노동자의 임금 인상 요구를 복지 지출로 충당하자, 국가의 재정 적자가 확대되었다.

노동당 내각이 재집권하자 철강업을 다시 국유화한다. 국가 기업청을 설립해 영국 최대의 자동차 기업인 BLMC(British Leyland Motor Corporation)와 브리티시 에어로스페이스(BAe; British Aerospace plc)를 국유화한다. 1975년 재무 장관 데니스 힐리(Denis Healey)는 세금을 급격히 올리고 공공 소비를 삭감한다. 또한 국가 기업 위원회를 설립하고 사기업을 지원하기 위해서 주식을 국가가 공유한다. 이것은 파산 위기에서 회생 능력이 없는 레임덕 기업[5]을 살리는 방편이기는 하지만, 기업이 성장하는 데 효율성이 있는지 의문시되는 시도였다.

윌슨 노동당은 사회주의적 평등주의 정책을 예전처럼 진행하고자 했다. 1975년 남녀 성차별법이 통과되어 고용과 교육에서 여성의 차별을 법적으로 금지한다. 그러나 1976년 파운드화의 가치가 폭락해 보유 외환이 급격히 감소해 전례 없는 통화위기에 직면한다. 노동당 내각의 사회주의적인 경향도 누그러지기 시작한다. 보수주의자들은 영국의 과도한 복지가 비능률적인 노동자들을 만들어냈고, 이것이 1960~70년대의 영국 경제 침체의 원인이었다고 비난한다.

이때 영국 노동자의 비능률성을 영국병이라고 부른다. 영국병은 1960년대 초에 서독의 보수 언론이 사용한 용어로 노동자의 낮은 생산성과 비능률성을 말한다. 한때 대영제국으로서 번영했던 시기에 사회 주요 생산 계층이었던 중산계급의 능률성이 과도한 복지로 쇠퇴한 것이다. 영국인의 적극성·과감함·냉철함·끈기·자기희생·부지런함·성실함 등의 경향이 사라지고 과도한 복지만을 요구했다. 복지 주도 정책은 제2차 세계대전 직후 애틀리 노동당 내각부터 시행되었다. 국가의 고 부담과 기업 보상 체계에서도 평등주의가 일반화됨에 따라 부와 특권에 대한 경쟁의식이 희박해진 것도 침체 원인으로 평가된다.

1960~70년대 영국 근로자 생산성은 미국과 서독보다 낮은 것으로 평가되었다. 영국의 1인당 GDP는 1960년대에 세계 9위였으나, 1971년에 15위, 1976년에 18위까지 추락했다.

영국병이라는 사회 현상은 국유화로 비롯된 고 비용, 저효율적인 노동력을 시장구조의 변화에 따라 조정하거나 혁신적으로 변화시키지 않았기 때문이다. 가령 1971년 영국의 유명 기업인 롤스로이스가 비효율적인 생산구조로 적자였을 때 노동당 내각은 국민의 세금을 투입해서 살리려 했다. 그러나 롤스로이스의 생산방식은 수공업으로 여러 명의 숙련 노동자가 한 대의 자동차를 만들 때, 미국의 포드 자동차는 혁신적인 컨베이어 시스템을 이용한 대량 생산 방식으로 세계 자동차 시장을 장악하고 있었다.

70년대: 페미니즘, 성차별법, 열광하는 젊은이

1970년대는 페미니즘의 제2차 물결이 일어났던 시기이다. 여성해방 모임이 세계 곳곳에서 일어났고 여성의 신체를 규격화·상품화하는 것을 규탄했다. 1970년대 런던에서 열리는 미스 세계 대회에 대한 반대 시위가 일어났다. 이어 1971년에는 남성과 동등한 임금을 요구하는 시위가 있었다. 급진적 페미니즘은 가부장제가 여전히 사회 시스템을 지배하는 권력 구조로 작용하고 있다고 보았다.

남성 우월주의에 의한 여성 억압과 여성의 재생산권에 초점을 맞추어 성, 출산 육아와 관련된 문제를 대중적으로 부각했다. 반면 사회주의적 페미니즘은 여성의 평등한 권리를 위해 경제적 독립, 여성해방과 자유연애와 같은 이슈에 초점을 맞추었다. 1971년 피임약의 자유 허용 이후 페미니즘의 흐름은 급진주의적으로 흘렀다. 여성 폭력과 강간 등에 관심이 높아지고, 1976년에는 가정 폭력법이 통과한다.

성차별법도 1975년 통과하는데 성과 결혼 여부에 근거한 남녀의 차별을 종식하고, 고용과 교육에서 평등과 성희롱을 금지하는 법이다. 그러나 현실적으로 1976~83년까지 8년 동안 양성평등과 관련한 조사는 8건 정도가 이루어졌을 뿐이다. 10% 내외의 직장 내 차별에 대한 주장이 제기되었지만, 입증의 어려움이 있었다. 1971년에는 남성의 보증이 없어도, 여성 명의로 주택 대출을 받을 수 있었다. 1975년 임금 평등법과 임신 휴가, 임신 사유 해고 금지가 고용 보호법에 포함되는 등 여성의 경제적 지위에 대한 실제적인 평등이 시행된다.

이민과 관련된 법은 지속해서 사회적 관심의 대상이 되었다. 1971년 보수당은 영국연방에서 온 이민자들의 직업 보장 권리를 조부모가 영국에서 태어났을 경우로 제한하는 이민법을 통과시킨다. 그러나 1974년 영연방 이민이 100만 명이 넘어섰다. 서인도에서 32만 5,000명, 인도와 파키스탄에서 43만 5,000명, 아프리카에서 15만 명이 이민을 왔다. 이들은 문화적·가족적 네트워크를 이루면서 같은 지역에 모여서 거주하는 경향이 있었다. 그러나 1970년 히스 보수당 내각이 이민의 숫자를 제한하는 정책을 강화해 이민법이 엄격해졌다. 한편 1976년 노동당은 인종 관련법을 통과시키고 인종 차별을 없애려고 시도한다. 1967년에 설립된 국민 전선당은 유색 인종 이민을 반대하는데 그 활동이 왕성해서 영국의 네 번째 다수당이 된다.

이민에 대한 시각은 극단적인 찬반의 논란으로 치달았다. 스킨헤드(Skinhead) 그룹은 국민 전선당을 지지하면서 극단적으로 다른 인종 출신에 대한 폭력을 가하기도 했다.

반면 1976년 록 기타 반주자인 에릭 클랩튼은 인종차별에 반대하는 뜻을 전달하는 콘서트를 연다. 그가 1978년에는 트래펄가 광장에서 대규모 시위와 콘서트를 열자 10만 명의 군중이 모였다. 당시에는 경찰의 인종 소수자에 대한 차별과 불신이 특히 극심했다. 더구나 1976년 전체 2만 2,000명의 경찰 중 70명만이 유색 인종이었다. 젊은 흑인들은 경찰이 이들을 부당하게 대우하거나 성희롱한다고 불만을 드러냈다. 이러한 갈등은 노팅힐 카니발에서 노골적으로 드러난다. 1976년 노팅힐 카니발에서 대규모 시위로 300여 명이 부상한다.

반면 1978년 비브 앤더슨의 레게 앤 스카의 대중음악(Reggae & Ska: 자메이카풍의 대중음악)이 인기를 끈다. 문화적·

인종적으로 다른 경향에 대해 자각하고 존중하는 풍조가 서서히 생겨났고, 지방정부는 다문화주의 정책을 펴게 된다.

1970년대 젊은이 문화에 대해서 기존 세대는 심각하게 우려했다. 젊은이 문화는 사회적·정치적·경제적 혼란을 반영했다. 상업주의에 반대하는 미국 록밴드인 뉴욕 돌(New York Doll)의 영향이 영국으로 들어오면서 1975~76년에는 펑크 문화가 생겨난다.

고음의 빠른 기타 음악과 내지르는 고성, 과격한 가사가 특징인 펑크 음악은 당시 젊은이들의 허무주의를 반영한다. 악기를 능숙하게 연주하지만, 내향적인 특징이 있었고, 당시의 젊은이에게 만연했던 사회 소외 현상이 가사에 반영되었다. 펑크의 이미지에는 쇼킹을 주려는 의도가 있었다. 이들은 의도적으로 밴드나 쇠사슬을 몸에 감거나, 징을 박거나, 핀을 사용했다. 또한 찢어진 티셔츠를 입었고, 머리 모양을 위쪽으로 뾰족하게 하는 헤어스타일을 했다. 펑크 연주회 동안 연주자와 관중이 서로에게 침을 뱉기도 하고 폭력적인 실랑이를 벌이는 행위로 도덕적 공황을 초래하기도 했다.

스킨헤드는 1960년대 말에 생겨난 풍조로 노동자 계급의 성향, 자메이카 문화와 음악의 영향이었다. 이때 축구 훌리건(Hooligan)이 등장한다. 경기 결과에 따라 난동을 부리는 축구 훌리건은 대표적인 영국병의 사례로 지적되었다.

지구와 자연에 미치는 위해에 관심을 갖는 정치철학이 생기기도 하는데, 이것이 환경주의이다. 산업으로 인한 오염, 야생동물 보호, 유기농, 방사능의 위험, 핵폐기물에 대한 위험 등이 주요 관심사였다.

우주에서 찍힌 사진은 사람들의 시야에 커다란 영향을 주었고, 지구의 파괴 정도의 심각성이 강조되었으며, 생태학(ecology)이라는 학문 분야가 생겨났다.

「BBC」는 이러한 경향을 반영해 소비주의와 상업주의를 거부하고 일반 대중의 양심을 자극하는 사진과 다큐멘터리를 제작했다. 과학의 진보라고 인식되었던 것에 대한 우려를 표출하기도 했다. 또한 반핵운동이 크게 호응을 얻어 참여자가 증가했다.

1977년에는 환경보호 운동을 하는 영국 그린피스가 창설되었다. 1975년 비글 사냥개가 생체 실험으로 희생되는 것이 알려지면서 동물 보호에 대한 자각이 생겨난 것이다. 1979년 제임스 러브록(James Lovelock)은 모든 생태계가 서로 연결되어 있다는 가이아 이론(Gaia theory)[6]을 발표해 세계 환경주의자들의 호응을 받는다.

캘러헌 내각의 IMF, 그리고 "불만의 겨울"

1976년 윌슨 총리의 후임으로 제임스 캘러헌이 집권한다. 그는 정치 경험이 많고 조합과도 관계가 좋아 당의 통합을 유지하는 데 이상적인 지도자로 보였다. 그러나 해결하기 힘든 경제 상황과 사회적 혼란으로 적체된 문제점이 있었다. 1976년 무역수지 악화와 파운드 위기로 경제적 압박이 심화되었고 영국은 이를 지원할 외환 보유고가 없었다.

1973년 공정 외환시세 제도(Fair foreign exchange rate system)가 붕괴했을 때 경제 위기 조짐이 시작되었다. 1976년 제1차 오일쇼크로 파운드화(貨)의 가치 폭락으로 이어지자 잉글랜드 은행이 이를 막기 위해 수십억 파운드를 사용했다. 급격하게 외환 보유고가 감소하자, 재정 적자가 불어나 영국은 또다시 경제 위기에 처한다. 1976년 9월 캘러헌은 정부가 완전고용을 보장하는 '아늑한 세상(cosy world)'은 끝났다고 선언한다.

또한 경기 침체의 '쌍둥이 악마(twin evils)'인 실업률과 인플레이션과 싸우기 위해서 생산성을 고려해야 한다고 주장한다. 외환 보유고가 바닥나자, 같은 해 9월 27일 캘러헌 내각은 IMF(International Monetary Fund)에서 30억 파운드의 긴급 구제 금융 지원을 받는다. 이전부터 지속되었던 과도한 사회복지로 국고가 바닥났기 때문이다. 노조의 막강한 영향력으로 인해 임금은 지속해서 상승했으며, 이에 반해 생산성은 저하되었다.

전반적인 악순환 속에서 침체한 경제를 회복하기 어려웠고, 1976년 IMF의 금융 지원을 받는 상황이 되었다. 캘러헌 정부는 IMF 위기를 극복하기 위해 초긴축 정책에 돌입한다. 북해유전을 적극적으로 개발해 석유 수입이 감소했다. 점차 국제수지가 개선되는 등 1977년 말부터는 외환 보유고가 호전되었다. 경제가 다소 회복되어 실업률도 떨어지기 시작하지만 IMF 차관은 당시 영국의 경제문제에 해결책이 되지 못한다. 물가 급등으로 일반 국민의 경제적인 어려움이 더욱 심해졌다. 그러나 정부 재정의 적자로 더 이상 복지 정책과 실업 구제가 어려워진다. 보수당은 IMF 차관을 국가적인 치욕이라고 비난했다. 노동당은 영국 내각이 국제 금융 기구에 굴복할 수밖에 없어, IMF 차관에 응했다고 반박했다.

1977년 노동당은 자유 연구소 협약을 만들어 자유당의 지지를 얻는 대신 웨일스와 스코틀랜드에 권력 이양을 약속한다. 1960년대 이후부터 스코틀랜드와 웨일스에서 힘을 비축해 꾸준히 성장해온 독립주의자들은 이를 찬성했지만, 다수의 하원 의원은 반대했다. 1978년 권력 이양에 대한 투표를 했을 때, 웨일스 하원 의원들은 반대했고 스코틀랜드 하원 의원들은 찬성했다. 전체적으로 다수의 찬성을 얻지 못한 권력 이양 법안이 좌절되자, 스코틀랜드 하원 의원들은 더이상 노동당을 지지하지 않게 된다.

노동당에 대한 지지율이 떨어진 또 다른 이유는 무리한 파업이다. 1978년 노동당이 임금 인상을 5%로 한정하지만, 노동조합은 더 높은 임금을 요구한다. 포드(Ford)사의 로리 운전자들이 9주 동안 파업을 한 후 10% 임금 인상을 얻어내자 다른 조합들도 따라 한다. 로리 노동자에 뒤이어 기관사 노조의 파업은 화물 운송과 대중교통의 어려움을 초래했다. 이들의 파업 움직임은 공공 부문의 노동자들, 병원 운반차, 지방 사무직, 청소부, 묘지기의 파업으로 이어졌다. 1978~79년 겨울에 영국을 힘들게 했던 산업 불안정은 대규모는 아니었다.

하지만 1974년 광부의 파업만큼이나 정부에 대한 심각한 타격을 입혔다. 영국이 정부에 의해서가 아니라 마치 노조의 결정에 의해 통치되는 것처럼 여겨졌다. 곳곳에 쓰레기가 쌓였고 의료 서비스는 마비되었다. 노조 파업으로 평균임금은 10% 정도가 상승했지만 '불만의 겨울(the winter of discontent)'[7]은 공공의 심리적 분위기에 충격적인 영향을 주었다.

불만의 겨울은 과도한 복지와 만성적 파업의 영향으로 온 것이었다. 1960~70년대 기업의 국영화가 가져온 고비용, 저효율, 저생산성에도 불구하고 만성적인 파업이 지속되었다. 효율성보다 평등을 적용하는 사회주의적 경향은 근로 의욕을 저하시켰다.

영국의 사회주의적인 복지는 직업, 지위, 수입, 연령, 성과와 관계없이 전 국민을 대상으로 한 복지였다. 연금 보조, 무료 의료 등은 물론 결혼 수당, 임신 수당, 아동 수당, 질병 수당, 과부 수당, 장례 수당 등 전 생애를 국가가 보장했다. 국가재정 지출이 이러한 복지 체계로 인해 지나치게 확대되자 1970년대 전체 재정 규모의 40%를 넘어섰다. 재정 적자는 점점 더 심화되어 1973~79년에 GDP의 3.8%에 달할 정도였다. 복지 정책은 사회 전반에 걸쳐 장기간 광범위하게 시행되어왔다.

그렇기 때문에 내각이 바뀐다 해도 새로운 재정지출 사업을 시행하거나 세율 인하정책을 시행하기 어려운 구조가 되었다. 사회적 평등주의를 추구한 사회 민주주의적인 복지 정책은 소득 재분배의 성과는 거뒀다. 그러나 정부의 재정 부담으로 만성적인 재정 적자, 투자 의욕 감퇴와 근로 의욕 저하, 조세 부담의 가중과 같은 문제점을 초래했다. 캘러헌 내각이 북해유전을 개발하는 등 영국의 경제 위기를 극복하려 했으나 경제 회복에는 실패한다. 1979년 불신임 결의안에 따라 2년 만에 대처의 보수당으로 내각은 넘어간다.

이 시기에 북아일랜드 문제도 크게 불거진다. 1976년 7월 40명의 아일랜드 공화국 군대(IRA)와 아일랜드 민족 해방군(INLA)이 자신들의 특별 범주 지위가 박탈되자 단식투쟁을 한다. 특별 범주 지위란 이들 정치범을 전쟁 포로와 유사하게 대우하겠다는 것이다. 예컨대 죄수복을 입지 않고, 노역에도 동원되지 않는 것 등을 말한다. 1976년 이들에 대한 특별 범주 지위가 폐지되고 일반 범죄자 취급을 받는다. 이들은 양심수로 대우해달라고 요구하며 '담요 저항(blanket protest)'을 한다. IRA와 INLA로 구성되었던 이들 죄수가 전라(全裸) 상태에서 담요만 두르고 저항했다 하여 '담요 저항'이라고 한다. 1978년에는 죄수들에 대한 대우와 교도관들의 학대에 대한 저항으로 수감자가 감방 밖으로 나가기를 거부하며 배설물을 감방에 그대로 배출하는 이른바 불결 투쟁을 한다. 1979년에도 250여 명의 정치범들이 지위 회생을 요구하는 투쟁으로 이어진다.

1970년대는 1960년대에 잠재하고 있던 문제점이 밖으로 표출된 시기였다. 전후의 단합 정신은 무너지고, 과도한 사회복지와 노조의 막강한 영향력으로 인해 임금은 계속 상승했다. 고복지·고비용·저효율의 경제정책으로 생산성은 저하되고, 침체되어 만성적인 영국병에 시달렸다. 1967년 결국 EEC에 가입해 유럽 석탄·철강·원자력 공동체에도 합류했지만, 서구 유럽의 현대적 체제를 단숨에 따라가지는 못했다. 1964~70년은 노동당이, 1970~74년에 보수당이, 1974~79년 다시 노동당이 집권하면서 일관성 없는 경제정책이 시행됨으로써 경제 위기에 도움되지 않았다.

더구나 어느 정당도 북아일랜드의 민족주의 갈등 문제를 해결하지 못했다. 노조 분쟁은 실패하고, 1976년 IMF의 금융 지원을 받는 위기상황을 맞는다. 젊은이들의 과격한 사운드의 펑크 음악과 난폭한 축구광 훌리건의 출현은 영국이 전반적으로 내적인 전쟁을 치르고 있음을 반영한다.

제4장
대처리즘과 새로운 공감대

보수당의 집권

1979년 불만의 겨울로 인해서 새로운 정치 판도가 형성된다. 경제 상황은 나빠지고 노조의 명성은 손상되었으며, 노동당 내각은 사임을 강요받았다. 불만의 겨울은 끊임없이 대중 매체에 등장했고, 노동자들과 주요 일간지는 보수당을 지지하기 시작했다. 보수당은 실업률의 증가와 과도한 노조 권력, 노조와의 교섭 실패 등 노동당의 실패에 선거 캠페인의 초점을 두었다.[8]

마거릿 대처는 노동당의 캘러헌 정부가 일으켰던 '불만의 겨울'을 부각시켰다. TV 뉴스팀과 캠페인 전문가의 조언을 받으면서 5주간의 선거 캠페인에 주력했으나 승리가 확실한 것은 아니었다. 자유당과 스코틀랜드 국민당에 대한 지지율이 급격하게 떨어지자, 상대적으로 우세한 득표를 얻은 보수당은 총선에서 34.9%의 득표율로 339석을 차지해 과반보다 43석이나 넘는 압도적 승리를 거둔다.

보수당의 마거릿 대처(Margaret Hilda Thatcher)는 유럽 최조의 여성 총리로서 총리직을 세 번 연임하면서, 11년 반 동안 내각을 집권해 대처 혁명을 이룩한다. 대처는 중산층 식료품 상인의 딸로 태어나 옥스퍼드 대학을 나와 변호사가 되었지만 전통적인 토리당의 배경이 아니었다. 지방의회 의원을 지낸 부친이 주장했던 자립, 자기 개선은 대처의 정치적인 믿음에 깊이 영향을 미쳤다. 교외 지역의 상인을 부모로 둔 평민 여성이었으므로 정치적 지원 세력이 없었다.

대처는 전후 합의가 사라진 것은 영국병 때문이라고 판단하고, 자신의 개인적인 믿음과 경험, 직관을 정책에 반영한다. 1970년대의 어떤 총리도 시도하지 않았던 영국병에 대해서 경제 처방으로 쓰디쓴 약을 사용한다. 쓰디쓴 약이라 일컫는 것은 1981년 대처의 정책에 대해 일반 대중과 내각의 불만이 정점에 달했을 때도 쓴 약 처방을 철회하지 않았기 때문이다. 1972년 히스 정부가 경제정책에서 우회했던 것과는 달리 자신의 정책을 철저히 밀고 나가 위기를 극복했고, 이러한 스타일 때문에 '철의 여인'이라고 불리기도 한다.

대처는 자신의 정치·사회적 직관을 바탕으로 하되, 이녁 파월을 비롯한 보수당 내각 지성인들과 뉴라이트(New Right)라고 하는 두뇌 집단의 조언을 받는다.

뉴라이트에는 케인스 학파에 반대하는 시카고학파의 영향을 받은 경제학자들이 대거 포진하고 있다. 이들은 사회주의적인 경향에서 벗어나 자유 시장경제 원칙을 바탕에 두고 영국 사회를 개혁하고자 하는 세력이었다. 계속되는 경제 위기 속에서 사회주의적 경향이 실효를 거두지 못했다. 이때 대처는 '개인적인 행동에서뿐만 아니라 경제적인 면에서도 국가의 사회복지에만 의존할 것이 아니라 개인 스스로가 책임지는 행동이 도의적'이라고 보았다.

대처는 영국의 경제적 쇠퇴 원인은 전후 내각의 연속적인 경제 회복 실패와 전국적으로 개인의 도의적 가치가 상실되었고, 전후 합의 정신을 제대로 이어가지 못했기 때문이라고 판단했다.

따라서 대처 내각은 집권 이후 8년 동안 완전고용에 집중하기보다는 자유 시장경제 원칙과 통화주의를 바탕으로 한 경제개혁에 초점을 맞추었다.

복지 예산 등 공공 지출을 삭감하고, 공공 부문과 공기업 민영화 및 노사 관계 개혁을 적극적으로 실행하자, 영국은 점차 경제 회복의 국면으로 접어든다. 민영화로 인해서 도

산한 기업도 있었고 그로 인해 수백만의 실업자가 생기기도 했지만, 대처는 자신의 정책을 그대로 밀고 나간다.

대처리즘

대처리즘(Thatcherism)은 정치적 철학이나 이념이라기보다는 대처의 강인한 성격을 일컫기도 한다. 1970~80년대까지 지속되었던 문제점에 대해 대처 총리가 강경하게 대응하는 방식이나 대책을 포괄적으로 표현한 것이다. 1960년대에 영국의 1인당 GDP는 세계 9위였지만, 1971년에는 15위, 1976년에는 18위까지 급격하게 추락했다. 경제 하락의 근본적인 원인은 고비용, 저효율적인 노동시장 구조라는 지적이 있었다. 그런데도 이전의 노동당 내각은 구조 조정 없이 주요 산업을 국유화했고, 세금으로 복지와 기업을 운영했다.

그러나 1970년대부터 생산성의 저하로 전반적인 경제 침체와 영국병에 시달렸으며 1976년에 IMF의 금융 지원을 받는 상황이 되었다.

대처는 신자유주의를 도입해 영국병을 해결했다고 긍정적인 평가를 받았다. 1979년 집권하자마자 대처는 당시 산업 경제구조를 전환하기 위해 자유 시장 원리를 바탕으로 전반적인 경제개혁에 착수한다. 대처 정부의 대표적인 경제정책은 통화주의, 국가 재정지출 삭감을 위한 정부 규모 축소, 공기업의 민영화, 자유경쟁 체제로 시장 규제의 완화, 경쟁의 촉진을 위주로 한 산업 전반의 개혁이었다.

사실, 통화주의는 대처 내각의 실험 경제정책이었다. 통화주의는 화폐 공급량을 조절하는 원리로 결국 인플레이션을 동반하는 경제성장을 이루게 된다. 즉 시장의 자유경쟁 체제를 적극적으로 조성하고 통제를 완화해 공급자 중심의 경제정책을 지속했다. 사업체에 대한 규제를 완화해 세금을 낮춰 기업을 장려하고, 노동자의 고용과 해고를 쉽게 했다. 대처 내각은 인플레이션을 영국 경제 위기 탈출을 위한 주요 열쇠로 여기고 실업률보다는 경쟁력을 우선시하는 정책을 폈다. 그 과정에서 많은 업체가 문을 닫았고, 제조업 생산량이 줄기도 했고, 실업률은 1984년 11.8%까지 올랐다.

대신 소득세를 줄여 개인적 소비를 촉진했고, 최상위층 과세율을 하향 조정해, 사업체가 창출한 이윤으로 후속적인 투자를 할 수 있는 정책을 지속했다. 대처의 통화정책으로 영국은 일시적으로 경제 회복을 이룬다. 그러나 통화정책만으로 1980년대 초의 불경기를 극복하지는 못한다. 1980년대 인플레이션이 15%를 웃돌고, 실업이 급격히 증가하면서 심각한 경기 불황에 직면하고 스태그플레이션 현상[9]이 다시 생겨났다. 그나마 북해의 석유와 천연가스가 아니었다면 사정은 훨씬 심각했을 것이다. 대처의 두 번째 재임 기간에 통화주의 실험 경제정책을 종결하자, 1980년 중반에 인플레이션이 감소하고 노동생산성이 향상된다.

주택 건설 붐이 일어나고 금융업과 첨단 기술 사업이 성장해 1982~89년까지 연평균 성장률이 2.5~3%까지 이른다. 1980년대 말 대처 내각의 보수주의적 거시 경제정책의 시행으로 경제가 빠르게 확장되었는데, 당시의 재무 장관 나이젤 로슨(Nigel Lawson)의 이름을 빌려 로슨 붐(Lawson boom)이라고도 한다.

대처는 국가 재정지출을 삭감하기 위해, 정부 규모를 축소하고, 정부의 예산관리 체계를 개선해 간소화한다. 1980년 75만 명에 달하던 공무원 수를 1987년 64만 명으로 감축한다. 정부 차입을 줄이고, 지방정부 보조금을 삭감하고 NHS를 포함한 모든 사회복지 정책의 재정 지출을 축소한다. 역사상 최악의 지출 삭감 예산안으로 알려질 정도였다. 대처는 정부의 소비보다 개인의 지출이 더 효율적일 것이라고 믿었다. 이러한 믿음을 기반으로 소득세와 같은 직접세를 부과하기 보다는 서비스와 상품 구매에 부과되는 간접 세금(VAT; Value Added Tax)으로 전환해 소비에 따른 세금을 징수했다.

1988년까지 소득세는 83%에서 40%로 내리고 VAT는 8%에서 15%로 올리면서 석유, 담배, 알코올에 대한 세금 유입이 증가했다. 소득세와 같은 직접세를 줄여 소득을 저축하게 함으로써 부의 축적에 부익부의 동기를 주었다. 그러나 저축할 수 없는 가난한 사람의 빈익빈을 가중시켰다는 비난을 받기도 했다. 대처는 노동당의 과도한 복지를 자원 낭비로 비난하며, 지방정부의 공공 소비를 축소했으므로 노동당과 지속적인 충돌을 일으켰다. 당시 우파 신문 매체는 그레이트 런던 시 의회를 이끌고 있었던 좌파인 켄 리빙스턴(Ken Livingstone)을 '미친 좌파'라고 묘사했다. 지방 당국의 과도한 공공 소비를 통제하기 위해서 대처 내각은 금리 상한선을 도입한다. 그리고 지방 세율의 상승 폭을 제한함으로써 지방정부의 힘을 약화시키고 중앙정부의 힘을 강화했다.

공기업의 민영화는 대처 내각의 핵심적인 경제정책 중의 하나이다. 대처는 경제 효율성이 경쟁 체제와 연관이 있다고 판단했다. 따라서 자유경제 시장이론을 교육, 의료, 국유 산업 등에 도입해 기간산업을 민영화함으로써 내적 경쟁력을 강화하고자 시도했다. 1979년 영국 석유 회사(BP; British Petroleum), 1980년 영국 항공, 1984년 영국 전기통신, 1986년에 영국 가스가 사유화되었고, 개인 투자자의 참여를 허용했다. 1979~90년까지는 주식을 소유한 개인의 숫자가 300만 명에서 900만 명으로 증가했다. 공기업의 민영화는 그동안 사회주의 성향에 정면으로 반하는 정책이다. 대처는 개인이 정부보다 더 효율적인 소비를 할 것으로 판단했고, 사유화된 사업 부문이 생산과 서비스에서 더 역동적이고 효율적이라는 신념을 갖고 있었다. 모든 사업체는 시장의 다른 사업체와 경쟁하고 이러한 경쟁이 개선과 혁신으로 이어질 것으로 기대했다. 사유화는 정부의 세입을 증가시키는 면도 있었지만, 기업이 고용 축소를 자유롭게 함에 따라 실업 불안과 평생직장, 연금에 대한 불안감을 갖게 했다. 실업률은 낮아지지 않았고, 지역적인 경제 불균등은 심화되었다.

1990년까지 이어진 자유경쟁 체제는 영국 경제의 중요한 전환점이 되었다. 공급자 중심의 자유경쟁 체제를 위한 경제정책의 또 다른 핵심요소는 규제 완화이다. 대처 정부는 규제를 줄여서 사업 거래를 쉽게 하고 부의 창출과 기업가 정신을 장려해 경쟁을 촉진했다. 창업을 장려했고, 소규모 사업을 위한 출자금을 빌려주거나, 신생 업체의 피고용인에게 주당 40파운드를 1년간 지급했다.

그뿐만 아니라 1986년 런던 증권거래소의 규제를 풀어 컴퓨터 거래가 가능해지자 더욱 자유로운 경쟁 체제가 되었고, 외국 은행이 증권 중개를 할 수도 있었다. 증권 수수료 규제를 철폐하자 금융 자유화로 '빅뱅'이 일어났고, 런던은 세계적인 경제 중심의 도시로 변모되었다. 새로운 딜러들과 투자자들이 계속 생겨났다.

1980년대 도시에 사는 젊고 세련된 고소득 전문직 종사자를 일컫는 여피족은 1980년대의 상징적 이미지가 되었다. 이 시기에 런던은 세계의 금융 도시로 탈바꿈했고, 월스트리트와 경쟁하면서 금융 서비스는 영국의 가장 중요한 수출산업 중의 하나가 되었다.

노동력에 의존하던 산업은 치열한 외국과의 경쟁을 위한 기술혁신으로 어려움을 극복했다. 제조업과 중공업 중심의 산업구조는 서비스업 중심으로 변모해갔다. 대처 내각은 산업과 시장의 변화를 포용하는 정책을 시행했다. 대처 총리의 재임 시기인 1980년대는 전반적으로 생산성이 향상되었다. GDP는 평균적으로 2.2%가 성장했고 여행·금융·매체·소매 등의 서비스 산업이 발달해서 영국 경제가 전반적으로 성장했다.

대처는 경제에 위협이 되는 인플레이션을 통제하려고 애썼다. 인플레이션을 허용했던 케인스의 경제정책을 비난하면서, 대처 내각의 뉴라이트 조언을 얻어 통화주의로 인플레이션을 통제하는 경제 정책을 실행했다. 뉴라이트의 조언은 인플레이션 통제를 위해 이자율을 조정하는 것이었다. 1979년에는 이자가 17%까지 올라갔다. 높은 이자율로 파운드 가치는 올라갔지만, 사업자의 대출이 어려워지고, 수출이 어려워졌다. 1980년대까지 높은 이자율이 지속되자 생산량과 수요가 줄고, 경기는 침체했으며, 많은 업체가 도산했고 실업률이 8.6%로 증가했다.

1980년 5월에는 인플레이션이 22%까지 올라가 심각한 수준에 이르게 된다. 하지만 이자율로 인플레이션을 통제해 1986년에는 2.5%로 떨어진다. 대처 내각은 실업률보다 영국 경제의 위기에 원인을 제공했던 인플레이션을 통제했다. 그러한 과정에서 많은 업체는 문을 닫았고, 제조업 생산량이 줄었으며, 실업률은 한때 25%까지 치솟았지만, 주로 제조업에 종사하는 인구가 많이 줄었다. 작업의 기계화로 전통적인 기술을 요구하는 직업이 줄었으며, 서비스업은 증가했다.

대처의 강경 대응책과
노동당의 변화

대처의 강경한 대응 방식은 내각 구성에서도 나타난다. 1979년 대처가 총선에서 이기지만 보수당 내부에는 대처 총리를 덜 지지하는 고령의 토리당원들도 있었다. 대처는 강경 보수 노선을 띠는 제프리 하우(Geoffrey Howe)나 나이젤 로슨 등을 '우리 사람'이라고 부르고 경제정책의 핵심 지위에 임명한다.

반면 고용부 장관을 지냈던 짐 프라이어(Jim Prior)는 노조와 가깝게 지낸다는 이유로 북아일랜드로 좌천시킨다. 1982년 포클랜드 전쟁 승리는 1983년 대처의 총선 승리에 주된 원인이 되었다. 하지만 철의 여인 대처에 반대하는 사람들도 있었다. 대처에 대해서 가장 심각한 도전은 웨스트랜드 사건이다.

마이클 헤슬타인(Michael Hesltine)이 내각 회의에서 뛰쳐나가 사임을 했고, 대처가 위헌적 행동을 한다고 공개적으로 반발했다. 그러나 대처는 웨스트랜드 사건을 극복했고, 헤슬타인은 대처의 집권에 불만을 품던 보수당 하원 의원을 결집해 1990년 대처의 몰락을 부르는 도전을 실행한다.

대처 내각은 이전의 노동당이 시행했던 노조 정책의 많은 부분을 변혁시키고, 산업의 구조 조정을 강행해 노조의 영향력을 전반적으로 약화시키려고 애쓴다. 그 목적으로 노조원 전체가 비밀투표로 55% 이상의 동의를 받아야만 합법적인 파업으로 인정하는 법을 통과시켰다. 석탄 광산업과 조선업, 철강업은 시대의 변화에 따라 뼈아픈 구조 조정을 겪어야 했고, 노동자 계급과 지역사회는 축소되었다. 남쪽과 북쪽을 부유한 쪽과 가난한 쪽으로 나누는 경제적 개념의 지역 재편성을 초래했고, 특정 도시가 쇠퇴하는 일이 발생했다. 이런 일은 건강 쇠약과 우울증, 알코올 중독과 마약 의존 등의 사회문제로 이어졌다. 젊은이들은 부모의 일을 물려받지 않으려 했고, 경제활동의 중심은 런던 남부로 이동했다.

1981년에는 브릭스턴, 런던, 한스워스, 버밍엄, 리버풀 등 특정 도시의 쇠퇴 현상이 가시화되었다.

급증하는 실업률과 경제적 궁핍으로 폭동이 발생하기도 했는데, 대처는 이에 대해서도 강경하게 대응한다. 대처 내각은 사회질서를 강조하는 권위주의적 내각으로 사회질서를 위해서 강력한 경찰력을 동원했다. 폭동을 진압하기 위해 당시 경찰이 혐의자를 구속 조사하는 과정에서 흑인과 아시아계 젊은이들만을 집중적으로 조사했다. 이에 대한 반감이 팽배해졌고, 소요가 더욱 격렬해지는 계기가 되었다.

대처는 전쟁 후에 생겨난 펑크족에 대한 관대하고 허용적인 태도가 1980년대의 범죄나 폭동을 발생시키고 사회적 혼란을 가져왔다고 판단했다. 사회질서의 중요성을 재차 강조하면서, 대처는 가정이 질서의 방어벽이라고 주장했다. 사회가 먼저 있는 것이 아니라 개인 남녀가 먼저 있고, 이들이 가정을 이루고 있는 것이므로, 가정에 위협이 되는 것은 사회질서에도 심각한 위협이 되는 것으로 규정했다. 이러한 이유로 사회와 법질서를 위해서 강력한 경찰력이 동원되었다. 시위와 노조의 파업이 과열되면 국가 공권력이 동원되었다. 폭도들을 '내부의 적'이라 규정하면서 경찰의 법적 행동을 명백히 규정했다.

대처는 북아일랜드 문제에 대해서도 강경 원칙을 고수한다. 1980~81년 북아일랜드의 단식투쟁은 북아일랜드 교도소에 갇혀 있던 아일랜드 공화주의자들을 일반 죄수가 아닌 정치범으로 대우해 달라는 단식투쟁이다. 이 단식투쟁은 1976년 '담요 저항'이나 1978년 '불결 투쟁'과 같은 맥락이다. 아일랜드 공화국군(IRA) 소속의 무장 대원 출신으로 당시 메이즈 교도소에서 악명 높았던 수감자인 바비 샌즈(Bobby Sands)를 포함한 IRA와 아일랜드 국민 해방군(INLA)의 단원들 10명이 단식투쟁으로 죽고, 53일 만에 해산되었다. 단식투쟁은 무장투쟁으로 이어지기도 했는데 IRA는 대처에게 복수하기 위해서 보수당원들이 회의하고 있던 브라이턴 호텔을 폭파한다. 이 사건으로 5명이 사망하고, 대처 총리도 가까스로 피하게 된다. 민간인과 저항군, 경찰의 죽음으로 너무나 많은 대가를 치른 이 투쟁은 원칙주의를 고수한 대처 총리와 합의를 얻어내지 못한다.

대처는 세계 인권 단체의 호소에도 불구하고 무장투쟁이 정치적 의미를 가질 수 없다는 강경 원칙을 고수한다. 단식투쟁과 정치 혼란으로 북아일랜드는 단결하고, 정치에 적극적인 참여로 나타나 민족주의 정당을 창당했다.

한편 1979~83년까지 노동당은 정치적으로 잊혀진 존재가 되었고 내적인 분열은 전쟁 후 최고에 달했다. 이 시기에 노동당 내의 중도 성향을 가진 핵심 인물로 4인방이라 일컬어지던 데이비드 오언(David Owen), 로이 젠킨스, 셜리 윌리엄스(Shirley Williams), 빌 로저스(Bill Rogers) 4명이 당을 탈퇴한다. 이들이 1981년 사회민주당(SDP; Social Democratic Party)을 창설하자 28명의 하원 의원이 따라 나가 자유당과 연대(SDP-Liberal Alliance)한다. 이들은 자신들이 중산계급에 호소력이 있을 것으로 여겼지만 1983년과 1987년 총선에서 연이어 참패한다. 1988년 노동당은 자유당과 합당해 사회 자유민주당이 탄생한다. 노동당의 인기 하락에 따라 노동자 계급의 단합은 느슨해지고, 지방정부에서 활동하던 노동당 지지자들은 당을 이탈한다. 1990년대에 들어서야 자유민주당은 시대의 흐름을 수용한 점진적 변화를 추구한다. 아일랜드 독립, 선거권 확대, 복지 제도 등에서 노동당의 가치를 지키려는 동시에 보수당의 개혁을 인정하는 중도적 입장이 형성된다.

포클랜드 전쟁

1980년대 초반 대처 총리는 강경한 정책으로 일관해 역사상 가장 인기 없는 총리가 되었다. 그러나 1982년에 발발한 아르헨티나와 벌인 포클랜드 전쟁(Falklands War)에서 승리한다. 대중의 열광적인 지지를 받았고 1983년 총선에서는 압도적인 승리를 거둔다.

포클랜드 전쟁은 남대서양에 위치한 영국 영유권 지역인 포클랜드를 두고 아르헨티나와 영국 사이에 벌어진 10주간의 전쟁이다. 포클랜드는 서포클랜드와 동포클랜드 2개의 섬과 200여 개의 작은 섬으로 이뤄진 군도이며 당시 아르헨티나와 영국의 영유권 분쟁 지역이었다. 1982년 4월 2일 아르헨티나가 영국령 포클랜드 제도를 기습 공격해 점령하고 영유권을 주장하자, 대처 총리는 이에 강력히 대응한다. 대처는 즉시 세 척의 함대와 해군, 공군을 파견하고 4월 5일 수륙 공습을 감행한다. 대처는 아르헨티나와 외교를 단절하고 국제사회의 지지와 동맹국인 미국의 지지를 얻어 전쟁을 승리로 이끌었다. 분쟁은 74일 동안 지속되다가 아르헨티나가 1982년 6월 4일 항복하면서 포클랜드섬은 다시 영국에 속하게 된다.

국내의 경제 침체가 심각한 상황에서 지구의 반 바퀴나 떨어져 있는 포클랜드까지 함대와 항공기를 파견하는 전쟁이 득이 없을 것이라고 주장하면서 전쟁에 반대하는 의견도 있었다. 그러나 포클랜드는 1841년부터 영국의 식민지로 되면서 19세기 초부터 많은 영국 정착민이 거주하게 된 곳이다. 영국 내에서는 아르헨티나의 포클랜드 점령을 규탄하는 애국심의 물결이 일었고, 신문 매체와 노동당도 포클랜드의 탈환을 요구했다.

대처는 당시의 경제적 어려움과 전쟁에 대한 반대 여론에도 불구하고 포클랜드로 군대를 파병해 맞대응했다. 함대와 항공기를 이용해 영국군을 즉각 파병했고, 영국 해군의 벌컨 폭격기(Vulcan bomber)는 공중 급유까지 받으면서 왕복 7,000킬로미터를 날아갔다. 영국군은 약 2개월간 이어진 치열한 전투 끝에 258명의 전사자를 내고 승리한다. 이 승리는 대영제국의 자부심을 되찾아주었으며 대처는 전쟁에서 이긴 영웅 총리가 된다. 포클랜드 전쟁의 승리로 인해 영국인은 자부심과 만족감으로 고취되었다. 전쟁은 빈부 격차, 실업, 파운드 절하와 같은 국내 문제에서 시선을 밖으로 돌리게 했다. 영국이 한때 누렸던 강력한 해군력의 위상을 보여준 명예와 품위를 대처가 실현했다고 평가받았다. 그 여세를 몰아 1983년 총선에서 대처 총리가 압승해 재집권한다.

포클랜드 전쟁의 승리로 대외적인 영향력을 확신한 대처 총리는 1982년 6월 베이징을 방문해 홍콩 반환을 철회하고 통치 연장을 요구한다. 아편 전쟁의 승리로 1989년 신계 지역, 구룡(주룽)반도와 홍콩섬을 99년간 통치한 것이 1997년에 끝나기 때문이다. 하지만 덩샤오핑이 창안한 홍콩 통치 방식인 '일국양제(一國兩制: 한 국가 두 체제)'를 앞세우자 오랫동안의 회담 끝에 1984년 12월 영국은 중국과 홍콩 반환 협정에 정식 조인한다. 그리고 1997년 7월 1일 홍콩은 중국으로 정식으로 반환된다.

대처리즘의 사회적 영향

대처 내각은 1987년 총선에서 압승해 3회 연속 집권했지만, 대처리즘의 사회적 영향에 대해서는 상반된 논란이 있다. 대처리즘은 영국 사회에 깊이 자리 잡은 사회주의적 경향에서 보수당이 표방하는 새로운 경제 가치관으로 움직여간 것이다. 안정된 결혼관, 저축과 자기 절제, 근면과 자립을 강조하던 빅토리아 시대의 가치관에서, 신용거래, 부의 축적 욕구와 일확천금, 자유연애, 소비주의로 변화를 예고였다. 국가는 경제 개입을 축소하고 통화주의 정책을 시행해 자유경쟁 시장으로 진입한 것이다.

대처는 공영화되었던 전화·가스·수도·전기 등을 다

시 민영화했고, VAT를 올리는 대신 자산 과세를 축소했다. 1980년 주택법으로 임대주택의 세입자들이 임대 기간에 따라서 33~50%의 할인을 받아 임대주택을 살 수 있게 만들었다. 개인 주택 소유권을 확대하자 일반 대중과 대중 내제의 지지를 얻는다. 1988년에는 200만의 새로운 집 소유자가 임대주택을 구매할 수 있는 혜택을 받았고, 이것은 대처리즘 성공의 상징이 되었다. 집 소유권에 대해서 반대 견해였던 노동당도 이 정책에 대한 대중의 인기가 올라가자 반대할 수 없는 입장이었다. 한편, 대처리즘을 반대하는 논란이 비록 약하고 분산되었지만 국민들은 대체로 대처 내각 정책의 강경한 방식에 대해서 만족하지 않았다.

정부 규모를 축소해 공공 소비를 줄이는 예산 삭감과정에서 특정 산업이 쇠퇴하고 새로운 사회 불균형이 생겨났다. 그리고 빈부 격차, 남북 지역 격차, 백인과 흑인, 북아일랜드에서의 사회적 분열은 여전히 존재했다. 특히 고등교육 예산을 삭감했을 때에는, 옥스퍼드 대학이 전직 총리에게 수여해 오던 명예 학위를 대처 총리에게 수여할 것을 거부할 정도였다. 대중 예술에 대한 예산을 삭감했을 때, 대처에 반대하는 풍자 연극이 성행했으며, TV 프로그램과 교회도 이에 합세해 대처에 반대했다.

대처리즘으로 노조의 막강했던 힘이 쇠퇴한다. 1971년 대규모 파업으로 경제 침체가 도래했던 기억이 사라지기도 전에, 대처 경제정책에서 반감을 보였던 노조가 파업을 시작한다. 의료 서비스 노조와 공공 노동자 노조의 시위는 더 격렬하게 변모했다. 교사 노조의 근무 조건에 관한 장기간 분쟁이 1980년대 중반까지 지속되었다. 대처는 노조 간부의 면책특권을 제한하고, 1984년 동조 파업(secondary picketing)을 불법화했으며, 파업 결정을 위한 비밀투표를 의무화했다. 1988년 클로드숍(노조의 의무 가입) 조항을 삭제했으며, 1990년 노동자 노조 비가입 보장 등 노동조합을 규제하는 강경 조치를 했다.

일부 노동자들은 점차 노조의 영향에서 벗어났다. 일례로 인쇄 노조가 파업했지만, 출판과 유통 산업의 비협조로 파업이 실제로 이행되지 않았고, 13개월 만에 와해되었다. 1984년 20개의 탄광 폐쇄와 2만 명의 인력 감축을 계획한 구조 조정에 대해서 파업이 일어났다. 1984~85년에 걸친 파업에서 대처는 이들을 '내부의 적'이라고 규정할 정도로 노조의 파업이 격렬했고 대책은 강경했다. 1년간의 투쟁 끝에 대처가 승리하고 탄광 노조는 일터로 돌아갔으며 탄광은 다시 열었다. 전력 발전소에 거대한 양의 에너지를 미리 축적했고, 북해에서 발굴된 석유가 개발되자, 대처는 노조와의 협상에서 우위를 점할 수 있었다. 결국 1984년 20개의 탄광

이 문을 닫았다. 전체적으로 석탄에 대한 의존도가 감소하자 2014년까지는 탄광 폐쇄 정책이 발표된다. 탄광 노동자와 노조의 어려움에 대한 그들의 상대적 박탈감이 대중의 공감을 얻었지만 적극적인 동참은 없었다. 탄광 폐쇄를 막으려는 아서 스카길(Arther Scargill)의 캠페인은 실패한다. 에너지 의존도가 석유로 바뀌자, 정부까지도 위협했던 탄광 노조의 막강했던 힘은 쇠퇴한다.

대처리즘은 개개인의 소득과 세금에 영향을 주었다. 당연히 일반 대중은 개인의 삶에 영향을 미치는 내각의 정책에 관심을 기울였다. 조세제도의 개혁으로 소득이 늘고 부의 축적이 가능했다. 1979년과 1988년 두 차례의 조세제도 개혁이 있었는데, 기본 소득 세율을 33%에서 22%로 인하했다. 최고 세율은 불로소득(unearned income)의 경우 98%와 소득 최고 세율인 경우 83%를 모두 40%로 인하했으며, 최저 세율은 25%에서 10%로 인하했다. 부가세는 8%에서 17.5%로 증가했지만 생필품에 대한 부가세는 면세했고 그 외에는 일률적으로 15%를 부가했다. 또한 지방정부 재정을 개혁하려는 의도로 1990년 인두세(poll tax: 지역 주민세)를 시행하고자 했다.

인두세의 목적은 모든 사람이 공정하게 세금을 냄으로써 지방정부가 유권자에게 세금 사용처를 설명하도록 만들고자 했다. 이전에 지방 세입은 자산 기반이었으므로 주택 소유자만 세금을 냈다. 그러나 모든 사람이 세금을 내야 공평하고, 지방정부가 세금 사용처를 설명해야 책임감을 느끼고 효율적으로 세금을 사용할 수 있다고 대처는 판단했다. 그러나 가난한 연금 수급자들이 부자와 똑같은 세금을 내야 하는가에 대해서 노동당은 동의하지 않았다. 스코틀랜드에서 1989년 최초로 도입되었지만, 시행 초기부터 반대에 부딪혔다. 그런데도 웨일스와 잉글랜드로 확대 도입하자, 인두세 반대 조합들은 전국 각처에서 생겨났고 세금을 내지 않는 사람들이 30%에 이르렀다. 1990년 3월에는 트래펄가 광장에서 발생한 인두세 반대 시위에는 20만여 명이 참석했다. 이 시위에서 약 5,000여 명이 다치고 300여 명이 체포되었다.

이 시기에 정책 결정을 견제하고 영향을 미치는 사회 압력 단체가 등장한다. 증가하는 노숙자 문제에 대한 캠페인을 하는 주거지 연금 수급자 단체(Shelter), 노령과 가난에 대한 캠페인을 하는 노령 자립(Age Concern) 단체 등이다. 특히 대처의 정책이 냉전시대에 무기 경쟁과 핵 억제 정책으로 향하자, 비핵화 캠페인 단체(CND) 등은 새로운 힘으로 규합해 대중의 지지를 얻는다. 1979년 미국의 크루즈 미사일을 영국 배치에 강력하게 반대 시위했던 CND는 1980년대에도 여전히 강력한 활동을 한다. 1970년대 그린피스 등 환경주의자의 환경에 대한 자각이 일반인에게 까지 널리 퍼진다. 그뿐만 아니라 1984년 인도에서 가스 누출 사고, 1986년 러시아 체르노빌에서 핵 사고로 공해에 장기간 노출 위험에 대한 이해가 증가했다. 1985년 대기권에서 오존 홀이 발견되었으며, 산성비로 석회석 건물이 손상되고 호수의 담수가 오염되자, 그린피스와 지구의 친구(Friends of the Earth) 등 환경주의 단체 활동이 더욱 활발해졌다.

대처의 몰락

　대처는 11년 동안 집권하면서 영국 현대사에 큰 영향을 주었지만, 1990년 총리직을 사임한다. 그 주된 원인은 강제로 입법한 인두세 시행이었다. 또한 EU와 유럽 단일 시장에는 찬성했으나 단일 통화나 유럽 연방제와 같은 정치적 통일에는 반대함으로써 보수당과 국민 여론이 혼란에 빠졌기 때문이다.

　대처 총리 몰락의 또 다른 원인은 1987년 주가 대폭락 사건으로 이어진 경제적 문제점을 해결하지 못한 데 있다. 1986년 영국의 대처 내각은 금융시장 규제를 완화하는 투자 서비스 법을 시행해 금융시장의 경쟁과 개방을 촉진했다. 고

정 수수료를 폐지하고, 런던 증권거래소에서 주식 매매업자와 중개인의 차별을 철폐했다. 거래소 거래에서 전자 거래로 전환해 증권 시장을 활성화하는 금융 개혁인 '빅뱅(big bang)'이 있었다. 1956년부터 반독점 아래 있던 런던 증권거래소의 금융 거래는 비약적인 발전을 거듭한다. 그러나 1987년 10월 19일 검은 월요일에 뉴욕 증권시장에서 주가 대폭락 사건이 발생한다. 애초에 홍콩에서 시작해서 미국의 월스트리트나 영국 런던의 더 시티(The City) 같은 세계 금융 허브를 강타했고 1990년 인플레이션이 10.9%까지 올랐다. 낮은 인플레이션을 경제 목표로 내세웠던 대처 내각의 정책에 정반대되는 현상이 나타나자, 대처 내각의 정책과 대처 방식의 문제점으로 지적됐다.

대처 집권 마지막 해에는 보수당 내부의 분열과 대처의 지지도 하락으로 대처의 몰락은 더욱 분명해졌다. 대처가 앨런 월터(Allen Walter)의 경제자문에 의존하자 나이젤 로슨 수상은 격노했고 1989년 사임한다. 1990년 10월 로마에서 열린 EC 정상회담에서 다른 11개 회원국이 합의한 유럽 중앙은행 창립에 대해서 대처는 반대했다. 재무부 장관이던 제프리 하우와 유럽금융 체제 참가 여부를 놓고 의견 불일치가 있었다. 대처가 제프리 하우를 멀리하고 외무부의 낮은 지위로 강등시키자 이에 사임했다. 그의 사임 연설은 실제로 대처를 몰락시킨 원인으로 평가받았다. 이때 제프리 하우의 사임 연설에서 촉발된 웨스트랜드 사건에서 대처에 대해 공개적으로 반발했던 마이클 헤슬타인과 그동안 불만을 품었던 보수당 내의 지도권 당원 다수가 전적으로 반발했다. 더구나 1990년 보수당의 안전한 표밭이던 이스트본에서 실시한 보궐선거에서 보수당이 패배하자 대처의 몰락은 표면적으로 드러났다. 이 선거 패배는 인두세 시행으로 지지 기반을 잃었기 때문이다.

대처는 인두세의 지지가 낮았는데도 강행했다. 인두세 반대 폭동으로 보수당의 지지도는 회복할 수 없는 지경에 이르렀다. 반면에 노동당의 지지는 회복세로 들어서고 있었다. 대처는 1990년 11월 보수당 당수 경선 제1차 투표에서 낙선하고 사임한다.

대처의 유럽과의 관계는 일관적이지 못했다는 평가를 받는다. 1986년 대처가 「단일 유럽 의정서」에는 사인했지만, 그 후 유럽과의 관계는 부정적으로 바뀌었고, 1988년 브뤼주 연설에서 이를 분명히 밝힌다. 하나의 유럽 시장을 원했지만, 유럽의 연방주의적 제약을 반대했다. 대처 내각에서도 대처의 입장 변화에 대해서 불만이 쌓였다. 공산 정권이 붕괴된 후 브뤼셀에서 유럽연합의 연방주의적 방법이 구체화되었을 때, 대처는 반대 견해를 분명히 한다.

1992년 마스트리흐트 조약은 노동자의 기본적인 사회적 권리와 근무 조건의 방향을 구성하기 위한 조약이다. 이 조약 체결 시기에 유럽연합은 이미 1999년 단일 통화를 위한 조건을 제정하기 시작했다. 영국은 메이저 총리의 외교 능력으로 단일 화폐 사용과 사회 협정(Social Chapter)에서 적용 탈퇴(Opt-out)를 한다. 그러나 EU 통합 회의(懷疑)론자들은 메이저의 결정에 반대했고, 국회 밖에서는 반유럽 논쟁의 움직임이 강했다. 1993년 반연방주의 연맹이 구성되어 유럽과 영국의 관계에 대한 투표를 요구한다. 특히 1994년에는 부유한 금융 자본가인 골드스미스 경(Sir James Goldsmith)은 1997년 선거에서 영국과 유럽의 관계에 관한 국민투표를 요구하는 단일 이슈로 국민투표당을 설립한다.

대처 내각은 북아일랜드에 대한 강경 노선으로 대중과 갈등을 심화시켰다. 대처 총리가 북아일랜드 지지 촉구 방송을 공영방송에서 금지하자, 피해자의 실상을 간접적으로 전하는 방송이 생겨났다. 1987~93년까지 북아일랜드와 분쟁에 대한 대응 방식을 새로이 정밀 조사했다. 예로, 1988년 지브롤터에서 공군 특수부대가 아일랜드 공화국군에 대한 즉각 사살 명령을 내린 것에 대해서 특수부대의 과도 진압으로 고발된다.

또한 1975년 길퍼드의 펍에서 5명이 살해당한 길퍼드 포

(Guilford Four) 사건의 피고로 지목되었던 4명이 부당하게 유죄선고를 받아 15~16년간 복역 후 1989년에야 오심으로 기각된 사건도 밝혀졌다. 비슷한 예로, 버밍엄의 술집에서 21명이 죽었던 버밍엄 식스 사건에서도 1975년에 6명이 피고로 복역했었으나 16년이 지난 1991년에 평결이 뒤집어진다. 이러한 강력 대응 과정이 드러나자 대처 정부에 대한 반감이 커졌다.

냉전의 붕괴는 예상과 다르게 갑작스럽게 왔고 대처의 강경 노선은 무용지물이 된다. 1989년 베를린 장벽이 무너지자, 1989년은 공산주의가 유럽에서 붕괴한 기적의 해가 되었다. 사실 1980년대 소련 경제는 심각한 문제에 직면해 있었다. 고르바초프가 시장을 개혁하려 했으나 변화를 추진하지 못하던 시기였다. 폴란드가 자유선거를 하겠다고 선언하자 소련이 이에 아무런 개입도 하지 않았다. 소련이 공산국가의 국내 일에 개입하겠다고 선언했던 브레즈네프 독트린에 대한 거부였다. 폴란드 사태는 동유럽의 다른 공산국가에 도미노 현상을 일으킨다. 대처와 레이건 정부는 소련에 대항하기 위해 펼쳤던 지금까지의 강경 노선이 쓸모없어지자 고르바초프와 협상하고, 냉전은 갑자기 평화로이 끝난다.

냉전 이후 새로운 세상이 어떻게 펼쳐질지 아무도 모르는 상황에서 중동에서 전쟁이 발발한다. 이라크의 대통령인 사담 후세인이 1990년 8월 페르시아만에 있는 풍부한 원유 국가인 쿠웨이트를 공격한다. 1991년 영국을 포함한 미국이 이끄는 연합군과 유엔군이 합동 군사작전을 펼친다. 단기간 내에 쿠웨이트에 있던 이라크 병력을 몰아내고 이라크의 항복을 받아냈다. 냉전 이후 확대된 EU가 세계에서 더 큰 역할을 할 것이라는 기대감도 있었고, 새로운 분쟁에서 집단 안전과 평화로운 해결을 위한 EU의 조정을 기대하는 낙관론도 있었다. 그러나 그리스와 터키의 충돌, 동유럽의 와해, 그리고 발칸반도의 유고슬라비아가 해체[10]되자 그러한 낙관론은 무너지게 된다.

존 메이저, 새로운 공감대

1990년 대처 총리의 후임으로 당시 재무 장관인 존 로이 메이저(John Roy Major)가 총리가 되었다. 대처는 메이저를 후계자로 선택하고 '우리' 편에 포함해 지지했다. 1992년 총선에서 메이저 총리가 이끄는 보수당이 과반수 의석을 차지함으로써 연속 집권을 한다.

메이저 총리는 무엇보다도 당의 통합에 힘쓴다. 대처 내각 당시 헬리콥터 산업의 해외 매각으로 심한 의견 불일치를 보였던 국방 장관 헤슬타인에 대한 적개심과 대처를 배신한 무리에 대한 보복의 기류가 있었기 때문이다.

메이저 총리 당선 후 허니문 효과[11]처럼 보수당은 여론조사에서 노동당을 앞선다. 메이저 총리의 보수당 통합을 위한 노력과 1992년 총선에서 승리했는데도, 보수당 내의 분열은 더욱 악화된다. 언론 매체가 등을 돌리고, 메이저 총리를 다른 강력한 지도자로 바꾸고 당을 구해야 한다고 논평이 있을 정도였다. 1995년 메이저 총리는 비평을 잠재우고 권위를 세우기 위해 지도부 선거를 요청했는데, 거기서 재선되어 얼마 동안 지도부에 대한 회의적 여론을 긍정적으로 되돌려 놓았다.

1990년 메이저 총리 집권 초기 걸프전이 시작되면서 상황이 좀 더 복잡해졌다. 1991년 다국적 연합군이 편성되어 쿠웨이트에서 이라크 군대를 몰아내고 다국적 연합군이 승리한다. 이 과정에서 메이저 총리는 영국이 다시 유럽의 심장이 될 수 있다고 주장하면서 EU와 가까워지려고 노력한다. 대처 총리가 EU에 반대했던 것과 달리 후임인 메이저 총리는 1993년 자국의 이익보다 EU를 우선시하는 유럽 통합 조약 비준법안을 통과시킨다. EU에 관한 논쟁에서 보수당의 내부 분열은 더욱 극심해졌고 메이저 내각의 영향력과 개인적인 권위도 약화된다.

더구나 메이저 총리는 이전 내각의 어려운 경제 상황과 사회적 혼란을 그대로 물려받았다. 인두세에 대한 논쟁이 지속되자 1991년 이를 아예 폐기했다. 해당 지역에 거주하는

18세 이상의 주민이면 누구든 내야 하는 지방세로 인두세를 대체했다. 그러나 이미 경제는 위축되었고, 제조업의 생산량은 축소되었다. 높은 이자율과 실업률, 주택 가격의 하락으로 영국 경제는 전반적인 슬럼프에 빠졌다. 실업은 1991년에서 160만 명에서 1992년 260만 명으로 늘었다. 주택 가격은 높은 이자율 때문에 역자산(negative equity) 상황으로 담보가 잡힌 주택 소유로 보수당(토리당)을 지지했던 사람에게 커다란 악재가 되었다. 보수당이 주장했던 경제적 안정에 대한 믿음이 점차 사라지고 여론조사에서 보수당 지지도는 현격히 떨어진다. 메이저 총리 내각은 공공 소비를 늘려 실업 보조금을 지급했다. 그러나 1991년 장애 생활 수당 및 장애 근로수당을 도입하자, 그 지급마저 어려워진다. 정부 차관을 들여오지만 교통 운송과 NHS에 비용을 충당하는 데 급급했다. 대중교통이 적자 위기로 치닫자, 1993년 철도법을 제정해 철도 운영 기업을 분할 매각하는 자유주의적인 정책을 지속한다.

총선이 있고 얼마 지나지 않아 메이저 총리 내각은 1992년 9월 16일 정치·경제적 치욕으로 여겨지는 '검은 수요일'을 겪었다. 영국은 1990년 유럽 통화 제도(EMS) 중심기구인 환율 조절 메커니즘(ERM; Exchange rate mechanism)에 가입했는데, 이는 EU 내 단일 통화권을 구축하려는 과도기적 조치로 회원국 간에 기본 환율을 미리 정하는 것이다. 그러나 1990년 독일이 통일하자, 동독과 서독의 화폐를 1 대 1로 맞교환하고, 동독에 대대적인 투자를 실행한다. 독일에서 예상되는 수요 급증과 물가 상승을 막기 위해 금리를 올리자, 실업률이 증가하고 경기 불황이 시작되었다. 더구나 미국의 거대 투자 담당자인 조지 소로스(George Soros)가 파운드화를 투기적으로 공격해 파운드화의 폭락 분위기를 조성하자 대량의 파운드화가 한꺼번에 팔렸고, 파운드화는 정말로 폭락했다. 그 여파로 영국은 1992년 9월 16일 검은 수요일 직후, 유럽 외환 위기가 닥친다.

영국은 1993년까지 지속된 유럽 외환 위기를 견디지 못하고 유럽 환율 조정 장치(EMR)를 탈퇴하기로 선언한다. 메이저 총리 내각은 파운드화의 안정을 위해 높은 이자율에 의존하기보다, 환율을 낮추고 수출업자를 돕는 방향으로 전환한다. 또한 재정 규제 완화와 유연 근무제의 영향으로 이득을 본다. 때를 맞춰 미국 경제도 경기 침체에서 벗어나고 세계 무역도 확대된다. 독일 경제는 통일의 막대한 비용 때문에 경제적인 어려움을 겪었고 유럽 전역이 모두 이 영향을 받고 있었지만, 영국의 거의 모든 경제지수가 1997년쯤에는 낙관적으로 바뀐다. 실업률은 떨어지고, 생산성은 올라가며, 소비는 늘어나고, 자동차 소유 비율도 올라가며, 집값도 상승해 역 자산은 옛이야기가 된다. 짧은 시간 내에 영국 경제가 회복되었지만, 보수당 지지에는 긍정적인 영향을 가져다주지는 못했다.

메이저 정부 집권 시기에 채산성이 맞지 않는 낙후된 탄광은 폐쇄하고, 1994년에는 석탄 산업을, 1996년에는 철도 산업을 민영화했다. 우체국까지 민영화하려고 했으나 반대에 부딪혀서 기각된다. 광업과 조선업은 쇠퇴하고, 통신을 포함한 새로운 분야는 번창했다.

이전에는 이윤이 높았던 광업과 조선업의 근로자들이 제기능을 할 수 없게 되자, 이들의 불만이 고조되었고, 따라서 노동당의 지지는 갑자기 올라간다. 이 때문에 1992년에 실시된 총선에서 노동당이 승리할 것으로 예상했다. 그러나 놀랍게도 보수당이 다시 승리했다. 오랜 기간의 선거 캠페인에서 존 메이저의 갑작스러운 거리 연설이 유권자들의 시선을 끌었다. 유권자들의 시각에서 혼란의 정국을 이끌어주기에는 아직 보수당이 최선의 정당으로 보였고, 노동당은 여전히 개혁이 필요하다고 평가되었기 때문이다.

메이저 총리는 1991년 시민 헌장을 발표해 모든 시민은 정부의 해당 부처에서 해당 서비스를 받을 정당한 권리가 있음을 선언하고 이에 대한 기준안을 마련한다. 서비스를 받는 시민들에게 권력을 부여함으로써 시민의 기대에 맞는 정부의 서비스와 서비스에 대한 세부 정보를 적극적으로 공지했다. 그러나 서비스 항목이 지나치게 세밀해지자 정부 재원의 낭비로 비난을 받아 점차 축소된다. 일례로 원뿔형 도로 표지 설치에 대한 긴급 직통전화를 개통하자, 사소한 일에 대한 전화가 급증하고, 불필요한 서비스로 업무가 과다해졌다는 비난을 받았다. 또한 1993년 광우병이 발생했는데 그 확산이 심각해지고 나서야, 1996년 광우병이 건강에 잠재적인 위협이 될 수 있음을 공식 인정하고, 30개월 이상 된 소를 모두 격리 소각 처분한다. 메이저 정부는 정책 자체가 아니라 정책을 시행하는 기술 부족과 지연으로 비난을 받는다.

1980년대에는 동성애자들에 대해서 여전히 부정적인 태도가 지배적이었다. 1987년에는 에이즈(AIDS)로 인해서 동성애자들에 대한 혐오감은 최절정에 이르렀다. 동성애자 지지 단체를 후원했던 노동당은 또다시 '미친 좌익'으로 비난을 받았다. 1988년 지방정부는 동성 집단 홍보를 불법화했으며 학교에서 동성애에 대한 토론이 금지됐다. 그러나 동성애 혐오는 1987년 75%에서 1998년 50%로 떨어진다.

뿐만 아니라 자유주의적인 사고방식으로 이혼율은 급증했고 미혼모 출산은 1980년대에 12%에서 1990년대는 30%로 급증한다. 미혼모가 급증하자 편모 가정의 아동복지를 위한 아동복지법이 1993년 통과되었다. 또한 아동보호를 위한 비디오 영상법이 1994년 통과되어 연령에 따른 분류 표시를 반드시 부착하도록 법제화했다. 같은 맥락에서 1994년 무상 의무교육이 중등교육까지 연장되어 의무교육 기간은 5세부터 16세까지였다.

존 메이저 총리는 계층 없는 사회를 지향했다. 시기적으로도 군주제의 전통적인 권위에 도전하는 비평 인식이 점차 높아지기 시작했다. 1997년까지 엘리자베스 2세 자녀들의 이혼이 증가하고, 왕실의 혼외 스캔들이 「타블로이드」지에 나자 이들에 대한 존경심이 급격하게 하락했다. 1992년 불탄 윈저궁 복원을 위해 국민이 세금으로 재정 지원을 해야 하는가의 여부는 거센 논란을 불러일으킨다. 더구나 다이애나 황태자비의 죽음 이후 다이애나비에 대한 왕실의 부당한 처우에 대한 폭로가 잇따르자, 군주제에 대해서 대중은 더욱 회의적이었다.

이와 같은 기성세대의 권위 의식에 대한 저항은 예술에도 반영되기 시작해 예술 제작 과정에서 기존 방식을 따르지 않는 새로운 제작 방식이 등장하기도 했다. 이러한 사고의 전환은 젊은이 문화에도 반영되어, 1988~89년은 '두 번째 사랑의 여름(second summer of love)'[12]의 영향으로 탈정치적인 히피 문화가 생기고 광란의 자유 파티가 폭발적으로 성행한다. 이들의 마약 사용과 문란함은 도덕적 공황 상태를 초래했다.

메이저 총리 내각은 이에 맞서 1994년 형사 행정과 공공 질서법을 통과시키고 자유 파티를 통제하기 위해 경찰력을 강화한다. 자유 파티와 광란 운동은 직접적인 환경 운동과 맞물리기도 한다. 환경 단체에 좀 더 조직적이고 다양한 사람들이 모여 집단을 형성했다. 이들 집단은 터널 공사나 지하 공사로 환경이 훼손되는 것을 우려해, 체인으로 몸을 감는 등 다양하고 과감한 방법으로 환경보호를 위한 시위운동을 펼쳤다.

이 시기에 제3의 페미니즘이라고 부르는 여성 운동도 일어난다. 1960년대에 제2의 페미니즘 운동이 여성의 법적, 경제적 지위의 평등과 여성관의 변화를 주창했다면, 이 시기에 등장한 제3의 페미니즘 운동에서는 펑크스타일의 노래와 함께 여성의 파워를 강조하는 TV 인물이 등장했다. TV 인물은 행동과 흡연 등에서 남성과 같은 행동 방식을 보여줬다. 대처의 집권은 여성들의 사회 진출에 간접적인 영향을 미쳤다. 1993년에는 68%의 여성이 고용되었고, 1994년 배우자 강간법이 통과되었다. 여성의 봉급은 남성의 80%까지 상승했고 배우자와 별도로 세금이 청구되었다.

인종 문제에서는 1980년대에야 비로소 다문화주의가 허용되는 분위기가 조성되었다. 1981~85년에는 인종 문제로 인한 집단 시위가 없었지만, 1991~92년에는 이들의 폭동이 격렬해진다. 궁핍한 공영 주택단지에 불만을 품은 백인 청년들의 시위도 있었다. 1987년에는 4명의 유색 인종이 하원에 선출되는 등 인종차별은 개선되었다. 흑인 젊은이와 경찰 간의 긴장은 여전했지만 1990년대 소말리아와 아프가니스탄, 이라크 등과 영연방 국가에서의 이민은 꾸준히 증가했다.

메이저 총리는 이전 내각에서 이어받은 인플레이션 억제 정책을 지속했다. 인플레이션을 억제하기 위해 고금리·긴축 재정 정책을 실행했다. 금리가 높아지자 국민들의 주택 대출 이자 부담이 가중되었고, 시장 구매력은 감퇴하고 실업이 증가했다. 1992년 실업률은 10.1%, 인플레이션은 3.6%로 어려운 상황이 계속되었다. 영국 경제의 침체는 근본적으로 세습 경영으로 인한 경영의 보수성 때문이다. 그래서 합리적이고 근대화된 자유 경쟁의 도입과 새로운 산업 분야 개척을 위한 정책이 느렸다는 것에 원인이 있는 것으로 분석되었다. 당시 영국의 경제 구조를 살펴보면 제조업보다 금융과 일반 서비스 분야가 빠르게 성장했고, 국내총생산(GDP)의 고용구조에서 서비스 분야는 50%까지 상승했다.

이 시기에 전체 산업 분포에서 변화가 두드러진다. 서비스 분야가 점점 더 증가해 1996년에는 국내총생산의 63%, 노동인구의 80%를 차지한다. 노동 구조의 변화는 농업에서 더욱 두드러졌다. 가령 60%에 이르는 농업 총생산은 2%의 노동력으로 운영했다. 뿐만 아니라 석탄, 천연가스, 석유 에너지도 전체 GDP의 10%를 충당하므로 전체적인 산업이 현대적 구조로 변화했다.

메이저 총리는 대처 총리의 강경 노선 이후 극심해진 북아일랜드 분쟁으로 혼란한 사회 상황을 이어받았다. 아일랜드 공화국군이 영국 본토를 공격 목표로 삼았고 산발적인 폭력을 감행했다. 이러한 갈등의 정점에서 북아일랜드 문제를 해결할 돌파구가 마련된다. 1993년 제도권 내에서 합법적인 투쟁을 하고자 만든 신페인(Sinn Féin: 우리 스스로라는 의미)당이 은밀하게 평화 결의안에 대해 연락해왔고 이때 보수당은 평화 조약을 위한 첫 단계를 시도한다. 양측 모두 오랜 충돌로 지쳤던 시기에 IRA의 전사 출신인 게리 애덤스(Gerry Adams)가 미국 비자를 발급받고 미국을 방문한다.

또한 아일랜드 출신인 클린턴 대통령이 여러 차례 아일랜드를 방문해 경제적 지원을 약속하는 화합 노력이 이어진다. 1994년 8월 IRA는 정전을 선언한다. 물론 통합론자들이 1996년 맨체스터 중심부를 파괴하고 런던의 카나리 워프 지역에 폭탄 테러를 감행했지만, 한편으로는 평화 협력을 위한 시도도 있었다. 다음 내각인 블레어 내각 집권 시기인 1998년 벨파스트 협정으로 북아일랜드 분쟁은 마무리되였다. 그러나 이 협정에 이르기까지 메이저 총리의 시기에도 산발적 폭력 분쟁은 지속되었다.

메이저 총리 집권 시기는 유럽 남동부 발칸반도에 유고슬라비아가 붕괴하기 시작하는 혼란의 시기이기도 하다. 1991년 슬로베니아와 크로아티아가 독립을 선언하자 세르비아 주도의 유고슬라비아 연방이 이에 대한 무효를 선언하면서 슬로베니아에 연방군을 진격시켜 내란이 발발했다. 세르비아와 크로아티아 공화국 간에 무력 충돌도 일어났다. EU와 UN은 긴급 외교 중재를 했고 영국 외무 장관인 더글러스 허드(Douglas Hurd)가 파견되었다. 그러나 다민족 국가인 유고슬라비아를 유지할 것인지 아니면 독립을 도울 것인지 명확한 목표가 없었기 때문에 EU의 외교적 노력은 결국 실패한다.

1992년 4월부터 1995년 12월까지 보스니아 내전이 지속되었을 때, 서쪽 보스니아의 무슬림은 세르비아계의 불법 무장 단체에 폭력적 인종 청소를 당하고 쫓겨난다. 이에 미국, 영국 등 서방 세계와 NATO가 주도로 세르비아 공화국에 단계적 제재를 가했다. 전쟁으로 슬로베니아와 크로아티아는 독립한다. 유고슬라비아가 해체되면서 유고슬라비아 인민군에 의한 1992~96년까지 약 4년간의 사라예보 포위 사건, 7,000명 이상이 학살당한 스레브레니차(Srebrenica) 대학살(1995)과 같은 비극적인 전쟁과 범죄 사건이 발생했다. 다양한 종교와 인종 간의 갈등, 게다가 영토 분쟁으로 쓰라린 전투와 무차별적 도시 폭격, 인종 청소, 집단 강간과 대학살 등으로 약 10~11만 명이 사망하고 220만 명이 난민이 된, 제2차 세계대전 이후 유럽에서 일어난 가장 치명적인 전쟁으로 기록되었다.

남동부 발칸반도의 유고슬라비아 내전으로 영국은 미국과 NATO에 의존도가 더욱 높아진다. 클린턴 대통령이 이에 개입해 설득했고, 나토의 군사력으로 전쟁 지역이 된 발칸반도 지도자들 간에 협상을 추진하고 압력을 가했다. NATO는 '딜리버레이트 포스' 작전으로 세르비아에 공습을 개시했고, 전면적으로 개입한다. 1995년 12월 14일, 미국 오하이오주 데이튼에서 역사적인 데이튼 협정이 체결되었다. 1995년 12월 파리에서 데이튼 평화협정 조인식이 열렸을 때, 보스니아 헤르체고비나 평화협정이 최종적으로 체결되었다. 1987년 이후 세계적 사건에서 영국의 역할은 지속해서 변화해왔다. 서구 유럽 국가들이 소련의 지배에서 자유를 얻고 EU 쪽으로 합류한다. 그러면서 NATO가 새로운 역할을 하게 되었으므로 EU에서 영국의 위치도 달라졌다.

구소련은 경제적·정치적으로 약화된 반면, 미국의 영향력은 강력해졌다. 미국과의 특별한 관계를 유지하는 한 영국도

새로운 세계 질서에서 새로운 역할을 할 것이라는 기대가
여전히 남아 있었다.

메이저 총리의 적절한 경제정책과 유럽 국가연합과의 관
계에서 역할이 커졌는데도 보수당은 1997년 총선에 실패한
다. 당시 보수당(토리당)의 불법행위와 스캔들로 언론 매체는
우익에 대해서 무자비할 정도로 적대적이었다. 이 시기에 하
원 의원의 수많은 혼외 성 추문이 터졌다. 더구나 메이저 총
리가 스콧 조사를 통해서 불법 무기 거래를 조사했는데, 정
부 각료가 불법으로 이라크에 무기 부품을 공급한 것이 드
러났다. 뿐만 아니라 소설가인 제프리 아처(Jeffrey Archer)
와 국방 장관과 재무 장관을 역임했던 조너선 앳킨(Jonathan
Aitken)은 위증죄로 기소되었고, 로비에 의한 불법 자금 조성
도 폭로되었다. 이러한 총체적인 스캔들의 난관 속에서 메이
저 총리는 성공적이지 못한 지도자라고 평가를 받는다. 이로
써 보수당의 장기 집권은 1997년 막을 내린다.

제5장
새로운 노동당의 시대

신노동당,
토니 블레어의 제3의 물결

1997년 총선에서는 노동당이 압승하고 당수인 토니 블레어가 총리로 취임해 18년 만에 정권 교체가 이루어졌다. 노동당은 40대 젊은 당수인 토니 블레어(Tony Blair)의 주도 아래 제3의 물결[13]을 채택했다. 블레어는 생산수단의 공유화를 명시한 당헌 제4조를 폐기하고, 사회주의를 지나치게 표방하는 노동당이라는 이미지 쇄신을 위해 노력한다. 일례로, 2000년 런던 시장 선거에서 블레어는 캔 리빙스턴이 노동당 후보로 나서는 것을 막았다.

블레어는 리빙스턴이 런던 시장이 되기에는 지도자로서 지나치게 '미친 좌파' 성향이라고 여겼다. 그의 지나친 사회주의적 성향이 새롭게 현대화를 지향하는 노동당 이미지를 흐릴까 두려웠기 때문이다. 리빙스턴이 노동당을 떠나 독자적으로 출마해 당선되자 노동당은 다시 그를 받아들인다. 또한, 토니 블레어는 유럽연합과 유대 관계를 강화하면서 분열되고 고립된 모습에서 탈피하고자 노력했고, 선거에서 3회 연속(1997, 2001, 2005) 승리한다.

토니 블레어는 새로운 스타일의 노동당 정치인이었다. 그의 부친이 보수당 지지자였으므로 옥스퍼드 대학을 졸업하고 노동당에 가입했다. 이러한 그의 배경은 전통적인 노동당의 정치관에서 새로운 노동당으로 변화를 끌어내는 원동력이 된다. 고든 브라운(James Gordon Brown)이나 피터 만델슨(Peter Mandelson)과 뜻을 같이해 노동당이 살아남기 위해서 현대화가 필요하다고 주장한다. 노동당의 변화는 내각으로 선출되기 위해서 노동자 계급에만 의존할 수 없다는 것을 자각한 것이다.

블레어 총리는 사회주의적 기본 가치인 소득분배를 위한 정책에서 벗어나 경제 향상과 북아일랜드와 화해 정책에 초점을 맞추었다. 기존 노동당의 노선과 거리를 두는 반면 대처리즘의 정책 일부를 받아들임으로써 중간적인 방향을 채택했다. 이러한 노선을 앤서니 기든스(Anthony Giddens)의 저서에 근거해 "제3의 물결"이라 부른다. 블레어는 대처와 메이저 정책의 많은 부분과 노조 개혁에 대한 관점도 인정하고 받아들여 민영화된 많은 국가사업을 다시 국영화하지 않았다. 블레어는 공공 서비스를 위해서 사용자가 원하는 것을 해주는 한 국영이든 민영이든 그것이 중요하지 않다고 주장한다. 이것이 '제3의 물결'이라는 호평도 있지만 블레어가 그 어느 쪽도 대변하지 않았다는 비판을 받기도 한다.

블레어는 1997년 노동당을 18년 만에 선거에서 승리하게 만든 방식을 그대로 지속한다. 보수당 내부의 분열과 스캔들로 인해서 노동당이 압승했지만, 노동당의 승리가 오래가지 않을 것이라는 우려가 노동당 내부에 존재했기 때문이다. 왜냐하면 노동당 내에 블레어와 브라운 간의 갈등이 존재했고, 외부 매체로 이런 갈등이 유출되지 않도록 통제함으로써 정권을 유지하고 있었기 때문이다. 2007~2010년에 이르러서 이런 갈등이 표면화되자 고립되고 밀폐된 정치에 대한 혐오감이 증가하고 정치인은 믿을 수 없다는 인식도 강해진다.

블레어는 대중 매체를 대처하는 데 능숙할 뿐 아니라 카리스마가 있는 지도자로 평가받는다. 정치색이 없는 TV 프로그램에도 등장해 일반 대중과 능숙하게 대화하는 면모를 보였다. 그는 특권층인데도 자신을 평범한 보통 사람으로 낮춰 말했다. 말하는 방법이나 편안한 복장 등으로 보통 사람이라는 호평을 얻는다. 그는 또한 대학 생활 동안 록밴드 활동을 했고, 로컬 축구팀을 응원하는 등 유권자들에게 다가갈 수 있는 요소를 어필할 줄 아는 인물이었다.

1997년 프랑스 파리에서 영국의 황태자비였던 다이애나 스펜서가 자동차 사고로 사망한 사고가 발생했다. 암살 음모와 영국 왕실의 도덕성 등이 문제된 사건이다. 영국 일간지 「데일리 미러」는 암살 위험을 느끼던 다이애나비의 친필 편지를 폭로함으로써 자동차 사고를 위장한 암살 의혹을 제기했다. 다이애나의 죽음에 대해서 냉담했던 영국 왕실과는 달리 블레어는 국민들과 함께 애도했고, '국민의 왕세자비'라고 칭송했다. 다이애나 황태자비에 대한 동정심을 보여주지 않아 전례 없는 비난을 받았던 왕실 가족과는 완전히 대조적인 이미지로 블레어의 지지도는 93%에 이르렀다.

토니 블레어는 대중과 소통에 능숙했다. 특히 중산층에게 설득력이 있었고, 온건한 분위기로 여성과 젊은 유권자의 지지를 얻었다. 노동당 내에 여성의 비율도 증가했다. 보수당의 불법행위와 스캔들에 지친 유권자에게 이러한 노동당의 면모는 신선하고 생기 가득해 보였다. 양당의 상반된 이미지는 연일 언론 매체에 반영되었다. 블레어는 언론과 관계를 위해서 언론인 경험이 있는 앨러스테어 캠벨(Alastair Campbell)을 언론 담당 비서로 고용했다. 노동당은 보수당의 공격을 논박하거나 노동당의 정책을 알리는 데 언론 매체를 사용했다.

블레어는 개인적인 위기에도 언론 매체를 효과적으로 이용했다. 예를 들면 2000년 7월, 16세 된 장남 유안 블레어(Euan Blair)가 대입 수능시험을 치른 후 음주 운전 혐의로 입건되면서 큰 비난을 받았다.

블레어는 휴양도시 브라이턴에서 개최된 흑인 종교 지도자 집회에서 연설 도중 장남의 음주 사건에 대해 사과한다. 연설에서 '총리보다 부모 노릇이 더 힘들다'고 솔직하게 토로해 공감을 얻고 위기에서 벗어난다.

1990년대 후반에는 노동당 지지도가 서서히 되살아나는데, 이는 노동당 개혁이 시작되었기 때문이다. 노동당 수상이던 토니 블레어의 발상과 그의 성격적 영향이 컸다고 평가된다. 그러나 전임 수상이던 닐 키녹(Neil Kinnock)과 존 스미스(John Smith)의 역할과 공헌도 있었다. 닐 키녹이 1983~87년까지 노동당을 많이 변화시켰지만 1987년 총선에서 패배한다. 키녹은 정당을 재편성하고 정책을 철저히 점검해, 전문적인 정책을 제시함으로써 현대적인 정치 이미지와 역량을 보여준다. 키녹은 1989년 조합원 사업소에 대한 지원을 단절하겠다고 선언해 노조와 분리를 꾀했다. 그러나 1992년 존 메이저가 선거에서 승리하자 키녹은 사임한다.

보수당이 서서히 지지를 잃자 노동당이 대안적인 정부

로 보이기 시작한다. 뒤이어 노동당의 수상이 된 존 스미스는 경제면에서 조예가 깊고 진지하고 믿을 만한 사람이었다. 1993년 의회 입후보자에서 1인 1표를 도입했고, 노조가 블록 투표(대표하는 사람 수만큼 대의원의 표를 인정하는 투표 방식)를 못하도록 개혁해 노동당의 변화를 가져왔다. 그러나 1994년 55세의 나이에 심장마비로 사망한다. 이후 수상의 지위를 두고 토니 블레어와 고든 브라운이 경합을 벌였다. 두 사람은 사무실을 함께 쓰기도 했고, 노동당 혁신주의자로서도 공통점이 많았다. 고든 브라운이 더 경험이 많은 정치인이었지만, 블레어가 지도부를 맡고, 브라운이 그의 내각을 위한 전략과 정책 전문가가 되기로 합의한다. 블레어 이후에 브라운이 지도부를 이어간다는 파트너십 이양이 암묵적으로 내포되었었다.

블레어는 고든 브라운, 피터 만델슨(Peter Mandelson)과 함께 노동당을 개혁하고, 국유화 정책을 자유 경쟁 시장 정책으로 전환해 '신노동당(New Labour)'의 이미지를 구축한다. 또한 고든 브라운과 갈등이 있었지만 동반자적인 관계를 유지했고, 노동당의 이미지를 쇄신하기 위해 만델슨의 조언을 받아들인다. 국제 두뇌 집단의 회장이며 EU 무역 위원장이던 만델슨은 경쟁의 효율성, 즉 경쟁에서 혁신과 창조가 생긴다는 점을 강조했다. 그는 무역 장벽을 통한 보호주의보다 상호 개방을 통해서 경제를 일으켜야 한다고 주장했고 블레어와 고든 브라운은 그의 조언을 받아들인다. 특히 블레어는 노동당의 과거 청산을 보여주기 위해서 극적인 정책 변화를 보여주고자 했다.

그 당시 동유럽의 공산주의가 붕괴하고 정치철학으로서 사회주의가 와해하고 있었다. 블레어는 시대에 뒤떨어진 사회주의적 개념을 빼고, 대신에 현대적인 자본 경제를 포함함으로써 노동당이 더 이상 세금 소비적인 경제정책을 펼치는 당이 아니라는 것을 보여주고자 했다. 재무 장관 고든 브라운은 노동당이 경제적 능력이 있는 신중한 당 이미지를 심기 위해서 보수당의 공공 소비 계획을 따르기도 했다.

블레어 내각은 잠재적인 유권자의 시선을 끌기 위해, 이해하기 쉬운 5대 공약을 만들어냈다. 가령 5~7세 아동의 학급 규모를 30명 미만으로 축소, 소년범에 대한 처벌 과정 간소화, NHS의 대기시간 축소, 25세 미만 청년 수당을 받고 있던 25만 명의 청년 일자리 창출, 소득세 유지, 난방에 대한 VAT 5% 감축, 낮은 인플레이션 유지, 최저 이자율 등의 공약에 대해서 자금 마련 방법과 함께 발표한다. 또한 보수당이 한때 사용했던 선거 전략으로 '극단적인 사회주의 노동당'으로 비난했을 때 멀어졌던 유권자들에게 호소력이 있을 만한 정책을 발굴하고 이를 제시했다. 유권자들은 이때를

'변화의 시간'으로 인식하고 보수당의 승리를 막기 위해서 전략적 반 토리당 투표(Tactical anti-Tory voting)를 했다는 분석도 있었다. 유권자들이 토리당(보수당)의 승리를 막기 위해서 투표 결과를 살펴보면서 보수당 이외의 다른 당에 투표하는 전략을 썼다는 것이다. 이처럼 많은 유권자가 새로운 시대를 희망했다. 젊은 의원과 여성 의원을 대거 합류시켜 새로운 아이디어를 추구했던 노동당은 1966년 이래 최초로, 가장 강력한 다수의 지지를 얻었다.

블레어주의와 블레어 내각의 공헌

블레어는 지방 분권적 개혁으로 방향을 전환했다. 1997년까지 스코틀랜드에는 선거로 배출된 스코틀랜드 출신의 하원 의원이 없었다. 전혀 투표와 상관없는 웨스트민스터당 출신의 하원 의원에게 지배받았던 스코틀랜드인의 불만이 커지면서 독립에 대한 요구가 강하게 표출되었다. 블레어 노동당 내각은 1997년 지방 의원 지위를 보장하는 규정인 「유럽 지방자치 헌장」에 서명했고, 스코틀랜드와 웨일스의 권력 이양을 위한 투표를 시행했다. 대부분 스코틀랜드인이 찬성했고, 조세 조정권도 갖길 원했다. 스코틀랜드에서 비례대표제를 통해 새로운 스코틀랜드 의회가 생겨나자, 웨일스에서도 유사하게 권력 이양이 일어났다. 1998년 스코틀랜드와 웨일스 지방의 자치권이 보장되자 수백 년 만에 각각 지방 의회가 재구성된다. 같은 맥락에서 1999년에는 런던 시장을 선출제로 바꿨다.

영국 의회의 개혁에도 힘쓴다. 블레어 총리는 1999년 법안 수정과 입법 지연 권한을 가진 상원 의원의 개혁요구에 부합하고자 정치적 노력을 기울인다. 세습 귀족들이 주를 이루고 있는 보수당 지지 세력인 상원 의원 1,330명을 2000년까지 669명까지 줄였다. 의회를 변화시키고 의회 내의 보수적인 정치 풍토를 상당 부분 개혁했다는 평가를 받았다.

영국 경제 부흥을 위해서 시행한 블레어 총리의 정책적 경향을 블레어주의(Blairism)라고 부른다. 블레어 총리는 노동당 소속인데도 자유주의적 시장 경제 체제와 대처의 경제정책을 옹호했고 신자유주의와 급진주의를 배격했다. 블레어가 내세운 온건한 신자유주의는 경제정책에서 자유 경쟁 시장의 결정에 맡기자는 대처리즘과 노동당의 전통적인 정치 철학을 혼합한 "수정 사회민주주의"라고 볼 수 있다.

1998년 최소한 한 명의 근로자가 있는 가정의 경우 주당 일정 액수를 보장해주는 제도를 도입했다. 2000년 국가의 공공 비용을 감독하는 한편, 최저 임금법을 통과시킨다. 유럽 인권 보호조약이 1998년 인권법에 포함되었고 정보 자유법을 통과시켰다. 이 법은 일반 시민에게 공공단체의 정보를 요구할 권리를 주는 것으로, 2006년까지 해마다 10만여 건의 정보 요구가 이루어졌다.

토니 블레어는 나중에 이것이 자신의 실수라고 술회한다. 그가 총리가 된 지 얼마 되지 않아 이것이 무엇을 암시하는지 깨닫지 못했다. 이후에 이것 때문에 정치 행위가 일반에 공개될 것을 두려워해 정치인들이 소신 있는 결정을 못하게 하는 '위험한 법'이라고 주장했다.

1997년의 공약은 지나친 야망보다는 이전 보수당의 정책을 수정 발전시키는 것으로 이어갔다. 토니 블레어는 특히 교육을 노동당의 주요 핵심 공약으로 내세우고 메이저 총리가 도입했던 학교 실적 조사와 점검을 지속했다. 목표는 확대시키고 더 많은 전문가 양성 학교의 설립을 추진했다. 또한 블레어는 범죄를 일으키는 원인에 대해서 강력히 조치할 것을 약속한다. 이것은 보수당만이 법과 질서를 강력하게 대처했다는 믿음에 반박하고자 시도한 것이다. 실직·범죄·주택난 등 복합적인 문제의 개선 가능성을 늘리는 조치를 취하는 반면, 중죄에 대해서 징역형을 늘리는 방향으로 시행했다. 노동당은 대중의 서비스를 개선하는데 집중되었던 1997년 선거 당시 공약을 2001년 거의 충족시킨다.

2001년 선거에서 노동당은 건강과 교육에 더 많은 투자를 한다. 또한 질적 개선과 변혁을 공약으로 내세운다. 더 많은 선생님과 의사·간호사를 약속하면서, 부모에게는 시험 결과의 향상을, 환자에게는 수술 대기시간을 줄일 것을 약속했다. 그러나 개혁의 진척은 느리고, 공약만큼 급진적이지 못했다. 블레어의 두 번째 내각에서 우선시했던 주요 공약인 교육·건강·범죄·교통에 관련해 정부의 공약 이행 능력을 강화하고 진행을 감독하기 위해서 총리 정책 이행 관리처(PMDU; Prime Minister's Delivery Unit)를 구성했다.

블레어 정부는 집권 초기 경제적 위기로 시작했으나 이를 효과적으로 극복했다. 1991년 실업률은 7.5%였으나 2007년까지 꾸준히 낮아져 5.2%가 되었다. 인플레이션은 1999년 1.5%에서 2007년 2.7%로 상승했다. 한편 2000년에는 농부와 로리 운전사의 노조 파업을 봉쇄시켰고, 구제역이 생기자 농장주들에게 1,000만에 이르는 가축과 양 등의 동물을 도축했다. 사냥개를 이용해 여우 사냥을 금지하려고 했지만, 지방 압력단체인 전원 연맹은 시위에 나선다. 그러나 2004년 마침내 사냥개를 이용한 사냥을 금지하는 사냥법이 제정된다. 전원생활 시민들은 노동당이 지나치게 도시적이어서 자신들의 문제를 적절하게 이해하지 못한다고 불평했다.

에너지 의존 비율은 1999년 화력 발전이 전체 발전량의 69.4%에서 2003년 74%로 증가했다. 반면 원자력 발전은 장기적인 에너지 수급 면에서 중요한 비중을 차지하지만 26.7%에서 2003년 23%로 줄어들었다. 신재생 에너지의존 비율은 2%, 수력 에너지는 1%에 불과했다. 1967년에 북해 유전이 발견되고 생산에 들어감에 따라 경제 호전에 도움되 었다. 매장량이 약 30억 톤으로 추정되어 영국은 세계 제9위 의 산유국이 되었다. 영국 경제는 국내총생산(GDP) 중 50% 이상이 대외무역에 의존하고 있다. 1999년에 들어 수출이 상대적으로 부진해지면서 경상수지는 110억 파운드의 적자 를 냈고 2000년에는 162억 파운드로 늘어났다.

블레어 내각은 노동·환경·교육·행정의 전반적인 개혁에 착수해 현대화했다. 그리고 외국인 투자를 유치하고 노동시 장에 유연한 정책을 운영했다. 그 결과 2005년 1인당 GDP 는 3만 300달러가 되었고, 실업률은 약 4.7%가 된다. 1991년 1인당 GDP가 1만 7,938달러였던 것에 비해 비약적인 발전 이 있었다.

파운드화는 1999년 이후 유로화보다 12%가량 평가 절 상되었고, 물가 상승률도 지속적으로 하락해 1990년대 중 반기부터는 5%를 유지하면서 경제 여건이 안정화되었다. 2007년 유로화에 속하지 않는 상태를 유지하면서 인플레이 션 위기와 유류 파동, 통화위기에 있던 산업을 안정화하고 경제 활력을 되찾아 질적인 측면에서 영국 경제를 유럽연합보다 향상시켰다는 평가를 받았다.

1997년 블레어 내각은 집권 초창기부터 인플레이션을 낮게 유지하고 정부의 소비를 통제했다. 영국 중산층에게 노동당이 재개편되었고, 경제 운영에서 믿을 만하다는 것을 입증하는데 우선시했다. 무엇보다도 '세금 소비 정당'이라는 이미지로부터 탈피하고자 했다. 초창기에 인플레이션을 통제하고 높은 고용 비율을 기록함으로써, 생활수준은 높아지고 소비경제가 붐을 이룬다. 세계적인 경제 침체 국면인데도 자유경제에 입각한 개혁 정책을 펴 연평균 3% 내외의 꾸준한 경제성장을 이뤄냈다.

그러나 윌 허턴(Will Hutton)과 같은 경제학자는 이때의 소비 붐은 생산성의 향상이라기보다는 신용카드를 사용한 소비와 개인 부채 증가, 주택 가격 증가에 기반을 둔 것이라고 주장했다. 그러면서 이와 같은 버블 경제 붐이 얼마 가지 않을 것이라고 경고했다. 보수당이 했던 것처럼 세금 인상 없이 공공 서비스 향상의 재원 마련을 위해 민영 투자 사업을 이용했지만 이에 대한 비난 여론도 있었다. 가령 마련한 재원으로 건물은 빨리 완성되겠지만, 빚은 오랫동안 남아 있기 때문이다. 블레어 경제 정책 중 선 부과 법인세 구제책(Advance corporation tax relief) 폐지와 1999년에 도입했던 근로소득세 최저 세율을 20%에서 10%로 내리겠다는 제도를 폐기한 것은 논란이 많았다.

블레어 내각의 가장 큰 공헌은 북아일랜드 문제를 협상으로 해결했다는 것이다. 1949년 아일랜드 공화국 26개 주가 영국에서 독립할 당시, 북아일랜드 얼스터의 6개 주는 영국 통치 구역으로 남았고, 이들이 민족주의 종교 분쟁을 지속했다. 이 지역은 오랫동안 내부 갈등과 대립이 격화되어 테러와 분쟁이 잦은 지역이었다. 그러나 1997년 노동당 내각이 압도적인 지지로 다수당이 되자 블레어 총리가 북아일랜드 문제를 해결할 수 있는 정치적 여건이 마련되었다. 국내 보수파의 의견과 상관없이 적극적으로 협상에 개입할 수 있게 된 것이다.

토니 블레어는 북아일랜드 문제를 가장 먼저 해결해야 할 정책으로 내세웠고, 취임 한 달 뒤인 6월 2일 북아일랜드 대도시 벨파스트를 방문한다. 그리고 매년 열리는 대기근 추모 음악제에 참석한 1만 5,000명의 청중 앞에서 150년 전 대기근으로 인한 아일랜드인 200만 명의 죽음에 대해 진심 어린 사과를 했다. 아일랜드계였던 미국의 빌 클린턴 대통령도 임기 동안 세 번이나 북아일랜드를 방문해 적극적으로 평화 협상을 위한 적절한 환경 조성을 위해 힘쓴다.

그 영향으로 1994년 IRA의 전사였던 게리 애덤스가 미국 비자 발급을 받고 미국 방문을 마친 후 정전을 선언했고,

이후 EU는 북아일랜드의 경제성장을 위해 2억 5,000만 파운드 지원을 결정한다. 존 메이저 집권 시에 통합론자와 민족주의자들 사이에 관계 회복을 위한 많은 일이 타협되었다. 당시의 상황은 여러 면에서 북아일랜드와 문제가 잠재적으로 종식될 가능성을 내포하고 있었다.

1966년 이래로 북아일랜드와 회담이 근근이 이어졌지만 본격적인 해결 국면은 블레어 내각에서 성사되었다. 사회 민주 노동당의 당수인 존 흄(John Hume)이 신페인당(아일랜드 공화당)의 게리 애덤스와 마틴 맥기네스(Martin McGuinness)를 설득해 협상이 수월했다. 블레어는 북아일랜드 평화 회담 특사로 조지 미첼(George Mitchell) 전 상원 의원을 임명했다. 클린턴 정부 시절 북아일랜드의 특사로 왔던 조지 미첼이 회담의 의장이 되자, 북아일랜드의 통합주의자와 공화주의자 양측 모두 그에 대한 신뢰를 바탕으로 국제적 차원에서 협상에 임한다.

1998년 4월 마침내 성금요일 협정에서 북아일랜드 자치 정부로 인정받았다. 가톨릭교도(통합주의자)와 개신교도(민족주의자·공화당파)가 권력을 공유하는 평화 협정이 북아일랜드 수도 벨파스트에서 체결되는데 이를 벨파스트 협정이라고 한다. 이 협상에서 영국은 테러리스트를 석방하고, 통합주의자와 민족주의자들의 무장해제에 관한 동의를 끌어낸다. 그

외에도 의회 구성, 정부 구조, 선거 일정, 선출 방식 등을 협의하는 65쪽에 이르는 국가 연합 협정문이 조인된다. 북아일랜드 행정부와 의회가 모든 입법과 행정을 함께 맡고, 국제 관계·세금·선거 등을 제외하고 자치적으로 해결했다.

블레어 정권은 유럽연합의 확대·심화에 동조했고, 세계 지역 분쟁에도 적극적으로 대응했다. 2001년 9월 11일 미국 세계 무역센터 폭발 테러 사건인 9·11 사태 이후 군사행동·외교 활동·인도적 지원 분야 등에서 미국에 적극적으로 동조해 '테러와의 전쟁(Global War on Terrorism)'에 참여한다. 미국 정부가 진행했던 '테러와의 전쟁'에 대해서 블레어는 친미 정책을 실행했다.

2001년 9월 20일 미국 대통령 조지 부시는 급진적인 네트워크를 가지고 있는 테러 집단과 이들을 지원하는 모든 국가를 적이라고 규정하고 전쟁을 선포했다. 블레어는 국내의 반전 여론에도 불구하고 2001년 아프가니스탄과 2003년 이라크 침공 당시 영국 군대를 파견하는 등 조지 W. 부시 대통령의 전쟁을 지지했다. 2001년 아프간 전쟁 당시, 오사마 빈 라덴을 잡겠다는 미국의 의지에 대해서 세계 여론이 지지를 보였던 것과는 달리, 이라크 전쟁에 대해서는 전통적인 친미였던 보수당은 반대했다. 그러나 2007년 1월 영국은 미국과 함께 이라크 군사시설을 공격했으며, 북대서양조약기구

(NATO)와 집단방위 체제를 통해 '테러와 전쟁'에 적극적으로 대처했다.

미국의 조지 부시 대통령은 이라크를 '악의 축'이라고 규정하고 핵 개발 의혹과 대량 살상 무기의 폐기, 이라크의 무장해제와 후세인 축출을 위해 영국과 함께 이라크를 공격했다. 블레어가 주장한 전쟁의 명분은 중동 지역의 민주주의 확대와 인권 신장, 영국의 석유·금융 산업의 보호였다. 그러나 미국의 신보수주의(네오콘) 세력이 저렴한 원유의 공급선을 지키기 위해서 전쟁을 추진한 과정이 폭로되자, 블레어는 이라크전에 대한 비판적인 여론과 더불어 '부시의 푸들(Bush's Poodle)'이라는 치욕적인 별명을 얻는다. 블레어는 불필요하고도 정당화될 수 없는 이라크 전쟁을 일으켰다고 비난 받았고, 심지어는 전쟁범죄 혐의로 기소해달라고 요청하는 청원서가 헤이그 국제 형사 법원에 제출되기도 했다.

사회적 변화

1997~2007년 사이에는 사회의 많은 부분에서 변화가 생겼다. 1997년 노동당이 내각을 형성했을 때 노조에 대해 더 많은 관심이 생길 것으로 기대했으나 1980년대 이래로 노동당과 노조와의 관계는 나아지지 않았고 노조의 힘은 지속해서 쇠퇴했다. 노조 가입률은 29%에서 26%로 떨어졌고 신노동당은 노조의 파업에 대해서 공공연히 비난했다. 이것은 신노동당이 1980년대 이래로 오랫동안 선거의 패배가 '불만의 겨울'에 대한 기억 탓이라고 믿었기 때문이다.

신노동당은 오히려 친기업적인 태도를 강조하고 민영화를 확대했다. 항공교통의 관제 기관을 민영화했으며, 런던

지하철을 정부 민간 합작 계획으로 단행했다. 또한 민영화된 기업의 고용 권리를 보호함으로써 많은 노조가 와해했다.

반면 신노동당은 유럽 사회 헌장을 선택해 8세 미만의 아동 보육을 위한 3개월간의 무보수 휴가 등 고용과 사회적 권리에 관해서는 EU 정책을 따랐다. 또한 세계화 경향을 경제성장의 기회로 여기고 세계화된 경제 체계를 위해 다양한 노동 기술을 개선함으로써 경쟁력을 올려야 한다고 주장했고, 영국이 정치 지도자들의 글로벌 지식 경제를 개발하는 계기가 되었다.

이 시기에 신노동당은 뉴딜 프로그램을 도입했다. 더욱 효율적인 시스템과 산업 과정에 더 가치를 두고 신기술을 개발해 효율성과 생산성을 올려야 한다고 주장했다. 블레어의 뉴딜 프로그램은 '일할 수 있는 사람에게는 일을, 일할 수 없는 사람에게는 안정을'이라는 슬로건으로 완전 고용에 대한 분명한 공약은 아니지만 일할 수 있는 환경에 대한 지원 프로그램 성격을 확실히 했다. 뉴딜 프로그램으로 실업의 상태에 놓인 젊은이·노령 근로자·장애자·편부모 등 특정 그룹을 목표로 일자리를 찾아주겠다는 공약을 했다. 이것은 훈련과 가이드, 자원봉사로 일의 경험을 얻는다든지, 직업 소개를 하는 일이 포함되었다. 최저임금 제도의 도입과 유자녀 가정을 위한 세제 혜택 강화로 복지 정책을 현대화했으나, 지원을 받지 못하는 사람에 대한 역차별과 역효과에 대한 비평을 받기도 했다.

또한 1998년 최저임금 제도와 같은 맥락에서 최저임금에 대한 감독을 강화해, 자산 조사 결과에 따라 복지 수당을 지급함으로써 특정 이유로 인한 저임금 노동자에 대한 복지를 실행했다.

1997년 여성의 지위에서도 변화가 있었다. 하원 의원으로 선출되는 여성의 숫자가 120명에 달했고 그중에 101명이 노동당 소속이었다. 블레어는 당내의 주요한 지위에 여성을 임명했는데, 마거릿 베킷(Margaret Beckett)이 첫 번째 외무 장관으로 임명되었다. 여성은 신노동당 집권의 확실한 수혜자였다. 이 시기에 아동 보육 수당이 확대되었고, 3~4세 아동은 주당 12.5시간의 무료 탁아 교육을 받을 수 있었는데 2010년에는 15시간으로 늘어났다. 유아 보육으로 일할 수 없을 때 연금 크레딧이 주어졌다.

1999~2007년 사이에 FTSE 100(런던 증권거래소와 「파이낸셜 타임스」의 상위 100개 회사)개 회사 중에 여성 이사가 없는 회사는 36%에서 24%로 줄었다. 그런데도 2007년까지 여전히 여성은 남성의 87%의 봉급만을 받았고, 여성의 무임금 가사 노동에 대한 가치를 경시했다. 통상적으로 직장 부부의 경우 여성 가사 노동량은 남성보다 세 배나 많았다.

블레어 총리 신노동당의 또 다른 특징은 젊은이들에 대한 관심 집중이다. 신노동당은 보수당을 대체할 수 있는 젊은 세대를 대변하는 당으로 보였고, 토니 블레어는 지금까지 선출된 가장 젊은 총리였다. 블레어 총리 자신이 세 자녀의 아버지로서, 2000년에 넷째를 얻는 젊은 층 가장이었다. 블레어는 1997년 선거에서 승리한 후, 록밴드 오아시스(Oasis)와 1970년대의 전위적인 펑크 패션으로 유명한 패션 디자이너 비비안 웨스트우드(Vivienne Westwood), 그리고 2006년 더 퀸(The Queen)의 주인공 역을 한 헬렌 미렌(Helen Mirren)을 다우닝가 10번지에 초대한다. 어떤 사회적 배척도 종식한다는 목표를 가지고, 젊은이들의 관심과 이들에게 영향을 미치는 이슈에 집중했다. 1997년에는 사회 배척 전담팀을 꾸려 그 노력을 구체화했다.

사회 배척 전담팀은 아동이 있는 가정에 조언과 정보를 공급하고, 미취학 아동이 학교에 갈 준비를 할 수 있도록 돕는 것까지를 포함했다. 1999년 블레어는 20년 이내에 아동 빈곤을 종식하겠다고 맹세하고 아동 세금 크레딧을 2005년부터 실행한다. 또한 청년 직업 연결 서비스를 만들어 학교를 떠나는 연령에 이르렀을 때 조언을 하는 서비스가 생기고, 50% 학생들이 대학에 갈 수 있도록 지원 대책을 마련해 세계화된 경제 환경에서 경쟁할 수 있는 숙련되고 전문화된 노동력을 창출하고자 노력했다. 젊은이를 위한 뉴딜 정책에도 불구하고 니츠(NEETs: 16~24세의 교육이나 훈련을 받지 않은 실업자)는 2007년에는 20%에 달했다. 여느 나라에서처럼 영국에도 젊은이에 관한 많은 걱정과 우려는 여전히 과제로 남았다.

블레어 총리는 노동당의 오랜 목표였던 완전고용에 현대적 개념을 적용한다. 즉 최저 실업률을 줄이는 것에 집중하기보다는, 총 직업의 수를 늘리는 개념이다. 블레어 총리는 250만의 일자리를 창출했다고 주장한다. 청년 실업률은 청소년 범죄에 대한 우려와 관련이 있었으므로 1998년 반사회적 행동법을 도입한다. 허가받지 않은 그라피티 낙서[14]를 하거나 기물 파손 또는 위협 등과 같은 반사회적인 행동을 제한하기 위한 시민법이다. 이 법이 젊은이만을 대상으로 한 것은 아니었지만 2005년 이 법의 위반자 46%가 17세 미만의 젊은이들이었다.

인종적 다양성은 영국 사회가 오랫동안 가지고 있었던 현실이다. 1997~2007년 사이에 다문화적 영국의 특성이 지속해서 논의되어 왔다. 기근과 지역 분쟁으로 사람들의 이동은 세계적인 현상이었다. EU의 빠른 팽창으로 중동 유럽의 많은 사람이 영국으로 들어왔다. 이민자 중에는 미숙련공과 전문가들이 포함되어 있었다. 영국 국내의 기술 부족, 노동력 부족을 채우기 위해서 유입되거나, 이미 영국에 거주하는 이민자의 가족이거나, 유학생 또는 2004~2007년 사이에 EU에 가입한 국가에서 온 이민자, 아프가니스탄과 이라크 또는 세계의 다른 분쟁 지역에서 망명 온 사람들이 있었다. 이민의 특성이 다양화되자 욕구도 다양하게 변하고 사회적 긴장도 그만큼 다양해졌다.

그동안 영국은 영연방 국가에서 유입된 인구로 다문화 사회에 대해 불편하지 않은 환경이 조성되었다. 2002년에는 최초 흑인 내각 각료인 폴 보탱(Paul Boateng)이 내무부 장관으로 임명되었다. 이슬람교 사원은 많은 도시에 들어서 있어 익숙한 모습이 되었고, 노팅힐 카니발과 같은 축제에는 많은 사람이 모여 진정한 다문화 사회의 진보를 이룬 것에 대해서 자랑스러워했다.

2005년 런던은 2012년 올림픽을 개최하기로 했다. 이 모든 것들이 영국 다문화의 장점을 보여주었다. 그런데도 인종적 긴장은 여전히 존재했다.

제도적 인종차별이나 특정 직업군이 백인으로만 구성된 문제에 대한 논쟁은 지속되었다. 이민자들이 영국 사회에 통합될 수 있는 제도가 부족했고, 영국에서 출생하지 않은 외국인 소외 현상은 여전했다.

이러한 긴장은 2005년 발생한 런던 테러 공격에서 첨예하게 드러난다. 자살 폭탄 테러범이 세 곳의 지하철과 버스를 공격해 52명이 사망했다. 테러범 세 명이 영국 출생으로 영국 사회에 완전히 동화한 것으로 보이는 시민이라는 것이 드러나자 긴장감과 충격이 더했다. 더구나 2주 후인 2005년 7월 4명의 자살 폭탄 테러범이 비슷한 시도를 했으나 불발에 그친 사건이 일어난다. 이들을 조사하는 과정에서 젊은 브라질 청년이 테러범으로 오인되어 무장 경찰에 의해 사살되자 사회는 더 큰 충격에 빠진다. 나중에 4명의 진범이 잡히고, 이들이 모두 에티오피아와 소말리아에서 태어나 귀화한 영국 시민이었다는 것이 밝혀졌다.

테러범의 공격에 대한 진압 과정에서 영국 사회의 안전성 문제와 지역사회의 자가 탐색 요구가 커졌다. 소외된 이민자들과 관계 개선에 대해서, 그리고 이민자들이 어떻게 하면 영국인으로 느낄 수 있을지에 대한 논쟁이 벌어졌다. 이라크 전쟁 파병 결정은 영국 내의 무슬림을 소외시켰다는 결론으로 도출되었다.

2006년에는 극단적 행동을 예방하기 위해 지방정부와 지역사회에 국가 보안을 위한 직위가 생겼다. 테러 방지법이 통과되어 혐의자 억류 시간은 28일로 연장되었다. 또한 같은 해 테러 예방을 위해서 국가 신분 카드법(National Identity Card Act)을 통과시켰다. 이러한 강경 조치가 과도하게 집행

될 경우 시민의 자유를 박탈할 수 있다는 우려도 있었다. 그러나 테러 위험은 다문화 영국 사회를 더욱 긴장하게 했다. 특히 압력단체, 인터넷 블로그, 언론 매체는 이민이 영국적 삶과 사회 통합을 위협하는 요인이라고 지적해 논란을 샀다. 여론조사에서 이민이 사회 긴장의 주요 원인이라는 응답자가 2001년 3%에서 2007년에는 30%까지 올라갔다.

「데일리 익스프레스」는 이민에 의한 잠재적 문제점을 지적했다. 이민으로 범죄 행위가 증가하고, 이민자들은 지역의 일자리를 뺏어가며, 저임금 수준을 더 낮추는 결과를 가져왔다고 부정적 견해를 드러냈다. 압력단체 이민 파수대(Migration Watch)는 이민자가 너무나 빠르게 늘고 있어 건강과 교육 같은 공공 서비스가 이를 다 운영할 수 없는 상황이라고 우려를 표했다.

당시 경제학자들은 국가는 이민으로 혜택을 본다고 주장했었다.

이민자들이 노동력 부족을 채워주고, 가치 있는 기술을 가져오며, 유용한 작은 사업체를 세우고, 경제의 순익을 창출한다고 보았다. 이들 대부분 이민자가 젊고 활동적이며 건강하므로 공공복지 요구가 높지 않을 것이라고 주장했다. 또한 이민자 가족은 더 많은 자녀를 출산함으로써 전체적인 출산율에 긍정적이라고 말했다. 더구나 폴란드 이민의 3분의 1이 역이민을 하고, 영국민이 일자리나 은퇴 후 에스파냐에서 살기 위해서 떠나므로 이민이 한 방향으로만 일어나는 것이 아니라고 주장했었다.

세계 정세와 유럽의 관계

영국 정부는 유럽과 미국의 외교적 가교 역할을 하고자 했다. 1997~2007년 사이에 이러한 시도는 부분적으로 성공했다. 하지만 미국과 유럽은 발칸반도와 중동에서 일어난 전쟁으로 긴장 상황에 놓였다. 블레어는 총리로서 10년 동안 유럽의 다른 지도자와 관계를 잘 유지했고,「유럽 사회헌장」을 선택함으로써 유럽과 새롭고 긍정적인 동반 관계를 발전시켜 왔으므로, EU 내에서 영국의 역할을 변모시킬 것으로 기대되었다.

블레어는 EU의 유로화로 합류하는 것에 열성적이었지만, 재무 장관 고든 브라운은 이에 찬성하지 않았다. 영국이 파운드를 포기하기 전에 충족해야 할 많은 경제적·사회적 조건이 필요했고, 이 조건은 맞추기가 쉽지 않았기 때문이다. 블레어는 EU에서 영국의 역할을 강화하는 데 열정적이었기 때문에 기후변화, 세계 무역에 관심이 많았다.

특히 2005년 아프리카 원조로 '가난을 과거로 만들기' 캠페인에 대해서 유럽연합의 계획을 주도했다. 또한 9·11 사태 이후 세계 테러의 위협에 대항해 유럽 공동 전략을 개발하고자 노력했다. 2002년과 2003년 이라크에 대항한 조치뿐만 아니라, 이란과 팔레스타인과 이스라엘 사이에 평화를 진척시키기 위해서 미국과 유럽 사이의 영국이 가교 역할을 하고자 했다.

이즈음에 EU의 본질과 회원국의 구성에 변화가 왔다. 2007년 EU는 27개국으로 늘어났고, 터키·크로아티아·세르비아·우크라이나 등 많은 국가가 새로운 후보 회원으로 협상 중이었다. EU의 빠른 확대는 의견의 결정 방법에 변화를 가져왔다. 최초에 서독과 프랑스 사이의 동반 관계가 지배적이던 6개국의 경제 공동체가 이제 더 정치적인 조직이 되었다. 그리고 새로운 회원국이 된 옛 소련 산하의 공산국가들이 중요한 역할을 했다. 영국의 정책 결정자는 영국이 실제로 유럽의 중심에 설 것인가에 관해서 선택해야 했다. 2007년 블레어는 총리직을 사임할 무렵, 프랑스 대통령

니콜라 사르코지(Nicolas Sarkozy), 독일 총리 앙겔라 메르켈(Angela Merkel)과 신유럽을 구성하기 위해 유럽 여러 나라의 정상과 돈독한 관계를 유지하고 있었다. 그러나 기후 변화와 아프리카 원조에 대한 진전은 너무 느리게 진행되었고, 확고한 성취도 없었다. 영국은 유로 화폐에 합류하지 않았고, EU의 운영 방식을 개혁하고자 새로이 제안한 법안은 거절되었다. 2007년 말, 리스본 조약에서 유럽연합 상임 위원장 제도와 EU 외교 장관 신설, 회원국의 인구수에 가중치를 두는 인구 가중 다수결 제도, 회원국 1인 집행위원회 체제 등 50개 조항의 개혁안은 엄청난 논란을 불러일으켰다. 27개국 모두가 이 조약에 비준할지는 불확실했지만, 결국 조약 추진은 합의되었다.

노동당은 미국과 특별한 관계를 유지하려고 애썼다. 블레어가 1997년에 선출되었을 때 빌 클린턴이 미국 대통령이 되었다. 두 정부 모두 제3의 물결의 영향을 받아 유사한 점이 많았다. 신노동당 사람들은 중도좌파의 선거 전략을 배우기 위해 1992년 이후 미국의 민주당과 가까운 관계를 구축했다. 1990년대 EU와 UN이 유고슬라비아 사태를 회복하지 못하자, 블레어는 유럽의 관심사에 미국이 관여하는 것이 필수적이라고 생각한다.

또한 냉전의 종전 후, 새로운 세계 질서를 방어하기 위해

NATO에 의존도를 높인다. 미국에서는 2000년 선거에서 공화당 조지 W. 부시가 대통령이 되었다. 부시 대통령이 클린턴 전 대통령과 견해 차이가 있어, 부시 대통령과 공통점이 적을 것이라 예상되었다. 그러나 블레어 총리와 부시 대통령 두 사람은 세계의 테러 위협에 관련 회담에서 특별히 가까운 관계를 형성하게 되었다. 이후 블레어 재임 동안 영국의 외교 정책이 미국 우선주의로 지나치게 편향되었다는 비난을 받는다.

블레어는 확고하게 유고슬라비아 시민 전쟁에서 목격되었던 대량 학살과 인종 청소의 재발 방지를 위해서 자유 간섭주의(Liberal interventionism: 인권을 보호하기 위해서 다른 나라의 자유권에 간섭할 수 있다는 믿음)가 필요하다고 믿었다. 실제로 그의 재임 동안 블레어의 자유 간섭주의 사례는 상당히 많이 발견된다. 발칸반도 전쟁의 마지막 국면에서 코소보에 대한 세르비아 공격이 시작되었을 때, 수천만 명의 알바니아 사람들이 코소보로 도망갔고 약 1만~1만 2,000명이 학살되거나 사망했다. 블레어는 총리로서 아무것도 하지 않으면 총리직에서 살아날 수 없을 것이라 여기고, 클린턴 대통령과 NATO군이 세르비아에 대해 무력을 행사하도록 모든 외교적 노력을 다했다.

1999년 세르비아에 대한 NATO군의 장기 폭격으로 슬로

보단 밀로셰비치는 코소보에서 철수한다. 발칸반도에서 승리로 미국과의 관계와 NATO의 중요성에 대한 블레어 생각은 더욱 확고해졌고, 정책에도 반영된다.

같은 맥락에서 2000년에 시에라리온에서 내란이 일어났을 때, 반란군이 수도인 프리타운을 점령하자 영국 정부는 무장군을 보낸다. 처음에 외국인을 대피시키고, 유엔 평화군을 지원해 수도를 지킨다. 그해 말에 내전은 종식되었지만, 군사적 개입을 하는 것은 전쟁이 끝난 후에도 논란이 많았고, 성공 여부를 판단하기도 어려운 상황이었다.

이때 2001년 미국의 9·11 사태가 발생하고, '테러와의 전쟁'으로 커다란 위기가 촉발되었다. 9·11 테러는 알카에다 테러범이 미국 민간 비행기 네 대를 미국 공항에서 납치해 두 대로 뉴욕에 국제무역 센터를 파괴하고, 세 번째 비행기는 워싱턴에 펜타곤을 강타했으며, 네 번째 비행기는 의도했던 목표물에 도달하기 전에 추락한 사건이다. 이 테러로 3,000명이 사망했고 전 세계에 엄청난 쇼크와 분노를 일으켰다.

9·11 사태로 미국은 더 이상 외부의 공격으로부터 안전하지 않다고 느꼈다. 2001년 9월 20일 부시 대통령은 '테러와의 전쟁'을 선포했다. 미국은 탈레반 정부가 알카에다의 테러 작전 수행을 도왔고, 훈련할 수 있는 기지를 허용한 혐

의로 즉각적으로 아프가니스탄에 NATO군을 진격시켰다. 2001년 10월 영국은 탈레반을 전복시키고 아프가니스탄에서 알카에다를 축출하기 위한 군사작전에 미국과 연합하고, 나토군과 유엔군의 지원을 받는다. 전쟁 후 아프가니스탄에 자유 간섭주의를 실행했지만, 즉각적인 평화 회복이 오지는 않았다. 혼란을 틈타 탈레반과 알카에다는 도망치게 된다. 아프가니스탄에 민주 정부가 들어서지만 경제·정치적 회복은 느리게 진척되었다.

2002년에는 이라크에 세계의 관심이 쏠리기 시작했다. 1990~91년 1차 걸프전 이후 사담 후세인은 경제 제재를 받았고, 이라크는 NATO 비행 정찰대에 의해서 비행 금지 지역으로 지정되었다.

사담 후세인[15]이 서방에 가할 수 있는 위협에 대한 두려움이 증가했다. 2001년 아프가니스탄이 했던 방식처럼, 이라크가 알카에다와 연결되어 새로운 테러의 기지를 공급하거나 대량 파괴 무기를 개발할 수도 있다는 우려가 생겼다. 2002년 「유엔 결의안」은 사담 후세인이 이라크에 무기 조사단의 사찰을 허용하도록 압력을 가했다. 그러나 2003년 사담 후세인이 협조하지 않을 것이라고 믿게 되자, 첫 번째 결의안을 실행하기 위한 무력 사용에 관해 국제사회의 동의를 구하기 위해 블레어는 제2차 결의안을 밀어붙인다.

블레어 총리는 유럽 동맹국의 동의를 얻기 위해 노력했는데도 성공하지 못했다. 2003년 이라크 전쟁은 영국과 폴란드, 이탈리아 등의 연합으로 지원했던 미군의 무력 침공이었다. 많은 비평가는 미국이 이라크를 침공하리라는 것을 블레어가 이미 알고 있었고, 부시가 정권 교체를 목표로 유럽을 설득하기 위해 UN 결의안을 사용했다고 비난했다. 그러나 블레어 옹호자들은 블레어가 순수하게 대량 살상 무기의 위험에 대해서 확신하고 있었고, 미국이 세계 질서를 유지할 수 있음을 믿었다고 본다. 2003년 사담 후세인을 전복하는 군사적 승리를 했지만, 전쟁이 결정적으로 끝난 것은 아니었다. 이 전쟁으로 2003년 3월부터 2009년 7월까지 영국군 179명과 이라크인 15만 명이 사망했다. 2006년 이라크 정부는 더욱 안정되었으나, 2003년 전쟁 유발의 정당성은 입증되지 않았다.

2003년 이라크 공격에 영국이 관여한 것에 대한 논란이 영국 내에서는 격하게 일어났다. 2003년 2월 런던 전역에서 벌어진 전쟁 중단 시위에 100만여 명이 참여했고, 외무 장관 로빈 쿡(Robin Cook)이 이와 관련해 사임했다. 이라크 침공을 정당화할 수 있는 대량 살상 무기를 찾아내지 못하자 비난은 더욱 강해졌다.

「칠콧 보고서」[16]는 영국 정부가 이라크의 위협을 과장한 것에 대해서 블레어의 책임으로 보았고, 불법 침공으로 결론 내렸다. 더구나 전쟁이 연장되자 영국과 미국군이 이라크 전쟁 포로 범을 학대한 것과 이라크 시민을 보호하지 못한 것에서도 비난이 거세졌다. 사실상, 블레어는 고든 브라운과 함께 영국 경제를 회복시켰고 사회제도에 여성과 인종차별에 대한 변혁을 가져온 성공적인 정치가로 역사에 남을 것이다. 그러나 동시에 미국의 이득을 대변해 이라크 전쟁을 일으킨 총리로 기억될 것이라고 평가되었다.

2007년 토니 블레어가 다우닝가를 떠날 때까지도 이라크 전쟁의 성공 여부에 대한 확실한 판단이 서지 않았다.

그렇지만 전쟁은 생명과 많은 비용, 그동안의 외교적 노력을 무산시켰고, 노동당의 명성과 영국의 명예를 손상한 것이 사실이다. 이라크에서 사담 후세인의 독재 정권 대신 민주 정부가 들어섰지만, 블레어의 자유 간섭주의는 신임을 잃었다. 영국 정부가 미래에 무력 개입의 필요성에 대해서 대중을 설득시키기는 더욱 어려워졌다. 영국이 평화적 선택을 할 수 있었는데도 전쟁을 선택함으로써 영국의 위상이 실추되었다. 장차 세계정세에 영향력 있는 역할을 하지 못할 것이라는 회의론이 일어났다.

2007년에는 영국의 EU 합류가 더욱 요원해 보였다. 어차피 1999년 유로 화폐를 사용하지도 않았고, 국내 언론은 유럽적인 모든 것에 적대적이었다. 이라크전에 개입을 반대했던 유럽 국가와도 깊은 분열이 생겼다. 전쟁 전에 EU를 통해서 외교적으로 팔레스타인과 이스라엘 사이에 지속되는 중동 분쟁을 평화적으로 중재해야 할 의무가 있다고 여겨졌다. 그런데 블레어 총리는 사담 후세인의 위협을 지나치게 강조하는 듯 보였고, 부시와의 긴밀한 관계를 유지하던 중에 이라크 전쟁을 선포한 것이었다. 결과적으로 영국은 더 이상 세계 분쟁에서 독립적이고 공정한 판단을 할 것이라고 인식되지 않았다.

고든 브라운 총리

스코틀랜드 출신인 고든 브라운은 2006년 블레어가 3선 임기 후 총리직 사임을 표명하자, 후임 총리로 2007년 6월부터 2010년 5월까지 노동당의 내각을 이어간다. 고든 브라운은 1983년 노동당 하원으로 출발해 1985년 그림자 내각[17]의 대변인과 그림자 재무 장관을 맡았었다. 전반적으로 그는 재무와 경제에 관련한 자리에 있었다. 브라운은 1997년 블레어 내각에서 그를 옹호했다. 그리고 현대 역사상 가장 오랜 기간인 10년간 재무 장관을 맡아 경제정책을 총괄했다.

고든 브라운은 경제정책의 통제권을 갖고 있었으므로 국내 정책에서 실제적인 영향력을 행사한다. 브라운은 당내에서도 인기가 있었고 블레어와 긴장된 관계 속에서도 비교적 일을 성공적으로 진행했다. 블레어가 첫 임기 후 물러날 것이라고 예상했으나, 2001년 블레어가 연임하자 둘의 관계는 멀어지기 시작했다. 브라운의 지지자가 블레어의 퇴진을 요구했으나, 2007년에야 블레어는 물러났다. 브라운은 블레어와 동반적 관계를 인정했지만, 긴장과 갈등의 연속이었다.

재무부 장관 시절 고든 브라운은 영국 통화와 재정 정책의 구조적 개혁을 이루었다. 영국 은행으로 이자율 지정권이 이관되었으며, 국내의 많은 정책에 관여하는 재무부의 권한이 확대되었다. 또한 영국 재정청에 은행 감독의 책임을 맡겨 영국 은행을 정부로부터 독립시켰다. 즉 정부가 인플레이션의 목표를 정하지만 영국 은행이 이 목표치에 맞추기 위해서 이자율을 결정하는 것이다.

브라운은 정부 차입 양에 관한 재무규칙을 정함으로써 화폐의 공급이 통제될 필요가 있다는 대처리즘의 믿음을 따른다. 브라운은 이러한 전환을 '목적을 가진 신중함'이라고 일컬었다. 그에게 안정적인 경제성장의 목적은 공공 서비스를 향상하기 위한 것이었다. 따라서 2001년 이후 공공 서비스 부문에 소비가 증가하고 2007년에는 공공 소비 부분에서 노동당 본래의 정책으로 돌아간다. 대량의 투자 증가가 이루어져 새로운 학교와 병원 시설, 의사와 간호사, 교사의 봉급 인상을 위해서 사용되었다. 시험의 결과는 향상되었고 수술대기 명단은 짧아졌다. 노동당 정부는 이와 같은 소비가 필요한 것이며, 1979~97년 보수당 집권 시에 재원 부족으로 이것이 무시되었다고 주장했다.

고든 브라운 총리는 2007년 전당 대회에서 교육을 통한 사회 불평등 해소와 국민의 신뢰 회복, 테러와의 전쟁을 공약으로 내세웠다. 그리고 블레어 행정부에 의해서 계획되고 도입되었던 정책 일부를 취소하였다. 교육·실업·건강에 역점을 둔 많은 정책이 도입되었고, 정부 각료의 지위에 전문가와 산업 출신의 위원을 내각 구성원들의 동의 아래 고용했다.

반면에 전쟁 선포나 의회 내의 상급직 임명과 같은 총리의 특권 일부와, 조약을 인준하고 정보부를 감독하는 권리 등을 의회로 넘겼다. 뿐만 아니라 시민의 권리를 향상시키기 위해 2007년 새로운 법안을 입법화할 때나, 특정 문제에 대해서 전문적 지식을 가진 시민 대표들을 배심원으로 구성해 의견을 반영할 수 있도록 하는 '시민 배심' 제도를 도입했다. 또한 친환경 주택을 10만 가구까지 보급하고 의사의 주말 근무와 지역 보건의(GP; General Practitioner)의 야간 비상 전화 설치를 시행했다.

외국과의 관계에서도 약간 방향을 선회했다. 티베트의 독립운동에 대한 중국의 무력 진압이 있을 때 2008 베이징 올림픽에 불참해 의견을 표명했다. 이라크 분쟁에 관련해서는 영국의 전쟁 참여 타당성을 규명하는 위원회를 설립했지만, 미국과의 친밀한 관계를 유지하려고 노력했다.

2008년 세계 금융 위기가 발생하자 악화된 수요 위축을 자극하려는 시도로 재정 조치를 취한다. 정부가 담보대출 회사인 노던 록(Northern Rock)과 스코틀랜드 왕립 은행(Royal Bank of Scotland)의 대주주가 되었지만, 두 곳 모두 재정적 어려움을 겪게 된다. 은행 구제 대책으로 5,000억 파운드의 많은 국가재정이 몇몇 은행으로 투자되었다. 이때 로이즈 은행은 170억 파운드를 투자받는다. 일시적으로 2.5%의 부가세도 감축했다.

경제 활성화 방안으로 2009년 자동차 폐기 인센티브 정책을 폈다. 10년 이상 된 자동차에 대해서 차주가 녹색 자동차 (하이브리드차 또는 전기차)를 구입하는 경우 2,000파운드의 보조금을 제공하는 정책을 펴 경제 활성화를 도모했다.[18] 3만 5,000명 이상이 정책의 혜택을 받아 차를 바꿨다. 그러나 브라운의 집권과 2008년 세계 금융 위기가 맞물리면서 노동당 인기는 떨어졌다. 2008년 금융 위기 동안 은행 구제를 위해 통화주의 재정 정책을 도입하지만, 영국의 채무는 더욱 급증했다.

2009년 여배우이면서 인권 활동가인 조애나 럼리(Joanna Lumley)의 캠페인과 설득으로 노동당은 영국이 운용하고 있는 구르카(Gurkha) 용병에게 조건 없이 영국 거주권을 허용한다. 그리고 스코틀랜드 로커비 상공에서 1988년 발생한 팬암 여객기 폭파 테러범 알 메그라히(al-Megrahi, 리비아인)를 스코틀랜드 자치 정부의 결정으로 2009년 석방한다.

알 메그라히가 리비아에서 '영웅의 귀환'으로 환영받자, 전체 270명에 달하는 사고·사망자 중 180명의 자국인 피해를 본 미국 정부가 스코틀랜드 자치 정부를 강하게 비난했고, 브라운도 비난을 면치 못했다. 더구나 이 석방 이후 리비아 유전 사업에 속도를 내자 리비아의 석유 때문에 실리적 계산을 앞세워 리비아 독재 정권에 협력했다는 의혹을 남긴다.

이처럼 고든 브라운의 결정은 난항을 거듭한다. 또 다른 예로, 2007년 브라운이 총리가 되기 3주 전에 '영국의 일터는 영국인 노동자에게'라는 연설을 했었지만, 총리가 되었을 때 외국인 배타적 노동정책을 시도하다가 이민 노동자 탄압으로 비난을 받는다.

2007년 말에 있었던 런던과 글래스고에서의 테러 시도를 포함해서 심각한 문제들에 대한 대처 능력으로 브라운은 집권 초기 여론에서 상승세를 유지했다. 또한 2008년 글로벌 금융 위기를 효과적으로 대처해 한때 지지도가 호전되기도 했다. 그러나 2008년 중반 즈음에서, 2007년 10월에 총선을 시행할 계획을 바꾼 사실에 대해서 비난을 받는다. 더구나 2008년 10펜스 세금 삭감을 철회하자, 나약하고 우유부단한 정책 결정을 하는 총리로 인식되었고 그에 대한 지지가 급격히 떨어졌다. 브라운이 장관의 행동 기준을 세우는 장관 행동 강령과 부패에 대한 집중 단속 성명서를 발표했지만, 2009년 의회비 유용 스캔들이 생겼을 때 브라운에 대한 지지도는 회복할 수 없을 만큼 떨어진다.

2000년 제정된 정보 자유법에 의해서 언론사가 몇 명 의원의 세비 사용처를 요구했다. 블레어 내각을 구성한 의원들이 세비를 개인적으로 유용한 것에 대해서 토머스 레그(Thomas Legg) 회계 감사관이 세비의 부당 청구 내역을 공개했다. 이 공개에서 브라운 총리는 청소 및 세탁, 집안 인테리어, 정원 손질을 위해서 세비를 부당 청구한 것이 드러나 1만 2,000파운드를 반납하고 공식 사과했다. 이 스캔들에 보수당 당수 데이비드 캐머런(David Cameron), 자유민주당 당수 닉 클래그(Nick Clegg), 전 내무부 장관 재퀴 스미스(Jacqui Smith) 등이 포함되어 있었다.

이런 일련의 사건으로 2009년 지방선거에서 노동당은 저조한 결과를 얻었다. 이어 2010년 총선에서는 하원 91석을 잃음으로써 고든 브라운은 실각한다. 이 선거에서 절대 다수당이 없는 형 의회가 되지만 보수당이 다수당을 차지했고, 노동당에 이 결과는 1931년 선거 이후 최악이었다.

보수당의 변모

노동당이 연속으로 선거에서 선전하자, 보수당의 뼈아픈 탈바꿈은 쉽지 않았다. 1997년 전례 없는 규모로 노동당이 총선에서 승리해 418석을 획득하지만 보수당은 165석에 불과했다. 선거에 패배한 후 존 메이저는 보수당 당수를 사임한다. 노동당이 집권하는 동안 대처리즘에 입각한 정책을 그대로 시행했기 때문에 유권자들의 마음이 돌아설 것이라는 낙관적인 견해가 지배적이었다. 사실 보수당은 대처주의의 약점을 보완하고 이를 전환기로 삼아 선출될 수 있는 당으로 변혁이 필요한 시기였다. 그러나 당시 보수당은 더욱 유럽회의(懷疑)주의적이 되었고 더욱 대처주의를 고수한다. 뒤이어 케네스 클라크(Kenneth Clarke)와 마이클 하워드(Michael Howard)와 같은 정치인을 물리치고 정치 경험이 비교적 적은 36세의 윌리엄 헤이그(William Hague)가 당수로 뽑힌다. 그러나 사실 그는 경쟁자들보다 상대적으로 적이 없었고, 대처의 지지 때문에 당수가 되었다. 윌리엄 헤이그는 유럽과 단일 통화를 배제함으로써 당내의 의견은 통일시키지만, 여전히 보수당의 이미지를 쇄신할 수 없었다.

보수당은 여전히 무신경하고, 편협하며, 시대에 뒤처진 스타일이었고, 유럽에 집착하는 것으로 보였다. 노동당은 필요한 만큼 대처주의를 따라갈 뿐이었고 유권자도 병원과 교육의 사유화에 대해서 반대했다. 이때에야 비로소 유권자는 공공 서비스를 잘 보호할 수 있는 당을 선출할 것이라는 자각이 보수당 내에서 생기기 시작했다. 보수당이 더 나은 공공 서비스를 공급하기 위한 것이 아니라 이데올로기 문제 때문에 정부 축소를 선택했다는 비난을 여전히 받고 있었기 때문이다. 그러나 보수당 내에서는 변화가 필요하다는 모즈 측과 이에 저항하는 로커스(Rockers) 측으로 분열되는 부작용을 낳았다.

당내의 지지 기반이 약했던 윌리엄 헤이그가 2001년 선거에서 보수당이 패하자 사임하고 이어 덩컨 스미스(Duncan Smith)가 당수가 된다. 공격적인 법안을 발의하던 덩컨 스미스는 주당 30파운드의 장애인 수당을 삭감하는 사회복지 개혁안을 발의했고, 이것은 의도적인 인권 침해라고 비난받았다. 또한 그는 유럽통합에 회의주의적이었다. 덩컨 스미스는 유럽에 관한 한 더 많은 당내 분열을 일으켰다. 더구나 이라크전에 대한 반대 여론이 심할 때 이라크전에 찬성했었기 때문에 노동당의 이라크전 참여 결정을 비난할 수도 없는 상황이었다. 위기 시에 아내를 비서로 두고 월급을 주었다는 억측 기사가 나오자 결국 불신임 투표에 직면한다. 추측 기사가 사실이 아니었는데도 덩컨 스미스는 직위에서 축출되었고, 모즈 측과 로커스 측 모두의 지지를 받는 마이클 하워드가 그 뒤를 이어 당수가 된다.

마이클 하워드도 여론조사에서 토니 블레어의 경쟁 상대가 되지 못했다. 사회정의를 위해서 덩컨 스미스가 했던 많은 정책을 폐기했고, 마이클 하워드가 내세운 건강과 교육에 관련된 주요 정책은 보수당 내에서 동의를 얻지 못했다. 마이클 하워드는 당수로 집권하면서 2003년부터 2005년까지 중도적 움직임을 보였기 때문에 적어도 당내의 안정은 가져왔다. 그러나 그는 보수당에서도 우익에 속해서 유권자들은 여전히 보수당이 변했다고 믿지 않았다. 하지만 하워드는 보수당의 현대화를 위해서 내각의 상당한 조직 개편을 단행했다. 덕분에 2005년 데이비드 캐머런과 조지 오즈번과 같은 떠오르는 정치인이 재야의 주요직을 맡았다. 그리고 미래의 보수당을 이끌어갈 데이비드 캐머런의 길이 열렸다.

데이비드 캐머런은 더욱 관용적이고 포괄적으로 보수당의 변모를 꾀한다. 편협한 핵심 지지 세력 이외에 지지 세력을 확대하는 것이 중요함을 이해한 것이다. 즉 인종 소수집단, 게이 집단, 싱글 맘, 젊은이들을 포함한 사회의 모든 그룹과 계층에 대한 적의적인 요소를 없애고자 노력한다. 그리고 이전에 전통적으로 보수당이 관심을 두지 않았던 입장과 정책에 중점을 두었다.

기후 변화 문제를 심각하게 받아들이고, 북극을 방문하거나, 웨스트민스터까지 자전거를 타는 등 지지 세력 확보에 적극적으로 나선다.

캐머런 총수는 사회복지에 대해서 포용적인 중도주의자임을 표방한다. 게이 인권에 관심을 가져서 지원 보조금 증가를 주장한다. 자신의 장애인 아들을 돌봐주었던 NHS의 지원 방식을 칭찬하고, NHS의 서비스를 보장하겠다고 약속한다. 또한 공공 서비스 지출을 노동당의 수준으로 유지할 것을 약속한다.

이 시점에 노동당의 인기는 쇠퇴할 무렵이었기 때문에, 보수당은 선출될 모양새를 갖춘 당으로 보이기 시작한다.

제6장
21세기 변동의 물결

보수당의 재집권

2010년 영국 총선 결과 보수당이 37.8%의 지지율로 노동당을 제치고 승리한다. 그러나 과반 의석이 넘는 당이 없는 형 의회[19]가 되자 보수당과 57석을 차지한 자유민주당의 연립내각이 구성된다.

보수당의 데이비드 캐머런이 43세 젊은 나이에 총리에 오르고, 자민당의 당수 닉 클레그가 부총리가 된다. 2010년 총선은 65.1%의 투표율을 기록했다. 이 선거에서 권한 남용으로 비난을 받던 모든 하원 의원은 물러났다. 선거 이전 TV 토론과 온라인 선거운동, 언론 역할에서 비롯된 결과였다. 그러나 연정(연합 정당)이 구성되었을 때 보수당과 자민당의 이념과 정책, 선거공약의 차이로 인한 우려가 예상되었다. 연정 이후, 보수당은 상속세 부과 기준 금액을 100만 파운드로 상향 조정하겠다는 공약을 철회한다. 또한 소득세 면제 기준도 연 소득 6,000파운드에서 1만 파운드로 상향 조정하자는 자민당의 공약을 수용하는 대신, 공공 서비스 분야에서 60억 파운드의 지출 삭감에 합의했다. 반면에 핵 억지력 유지, 원자력 지원 정책, 이민자 수 제한 등의 부분에서는 보수당 공약대로 시행하기로 했다. 이후 보수당의 데이비드 캐머런은 2015년 영국 총선에 승리해 3선에 성공한다.

데이비드 캐머런은 엘리자베스 2세의 먼 친척으로 왕족이고, 옥스퍼드 대학에서 정치·경제·철학을 공부했다. 위트니 옥스퍼드셔에서 2001년 의원으로 당선돼 보수당 당내 보직을 거치지도 않고 총리에 이른다. 캐머런은 젊은 유권자에게 혁신적인 후보로 인식되었다.[20]

한때 여론조사에서 토니 블레어보다 높은 지지율을 기록하기도 했다. 새로운 정치관을 요구하고 있는 시대에, 스스로 국민의 행복과 복지를 위한 '따뜻한 현대적 보수주의'를 표방하면서 토니 블레어의 계승자로 자처한다. 대처를 존경하지만, 대처리즘을 무조건 추종하지 않으며, 자유 보수주의에 입각하지만, 이데올로기에 집착하지 않는다고 주장한다.

여론조사에서 10년 만에 처음으로 보수당의 캐머런이 노동당의 토니 블레어를 앞선다. 그러나 초기 캐머런 총리의 의욕적인 정책이던 대학 등록금 문제와 NHS의 개혁 등은 여론의 강한 반대에 부딪힌다. 2001년 캐머런은 테러리스트 수사를 위한 지문 등록과 출생신고서 확인에 찬성하고, 2002년 야생 포유류의 사냥 금지에 반대했다. 2003년 식당에서의 흡연 금지 법안에 반대했고, NHS 재단 신탁 제도에도 반대해 논란이 일었다. 같은 해 3월에 이라크 전쟁 개입에 반대했지만, 대량 살상 무기 무장해제는 필요하다고 주장했다.

2004년 10월에 동성애 결혼 허용법을 지지했지만, 2005년 10월 국민 신분증법에 반대했고 2010년 이 법안은 결국 폐기된다.

경제적으로는 2007~2008년 글로벌 경제 위기 후에 1,634억 파운드(약 335조 원)에 달하는 재정 적자를 해결해야 하는 부담을 안고 있었다. 경제 성장과 감세, 일자리 창출, 공공 부문의 구조 조정, 복지 지출의 삭감 등이 캐머런이 해결해야 할 현안이었다. 캐머런은 처음부터 강력한 보수 정책과 자유주의 경제정책을 내걸고 공무원 임금을 동결하는 등 과감한 재정 감축을 감행했다.

재정 감축 방법을 고심하던 중 2010년 밀크 도둑(Milk snatcher) 사건이 발생했다.[21] 영국 보수당 보건부 차관인 앤

밀턴(Ann Milton)이 스코틀랜드 보건부 장관에게 보낸 서한을 통해 국가의 재정 상태와 예산 절감을 위해서 보육원에 12개월 이하 영아에게 지급되었던 189밀리리터의 우유 무상 공급을 폐기하자고 제안한 사실이 유출된 사건이다.

「BBC」 시사 방송에서 데이빗 윌레츠(David Willetts) 교육부 장관이 우유 무상 공급 폐기안을 옵션 중의 하나라고 언급하는 생방송을 듣고 있던 데이비드 캐머런이 즉각 우유 무상 공급 폐기안에 대해서 반대한다고 밝힘으로써 이 해프닝은 종료된다.

경제정책에 대한 많은 논란 속에서도 캐머런의 확고한 보수 정책과 자유주의 경제정책은 영국 경제를 회복의 길로 들어서게 했다. 경제성장률은 증가했고, 유럽의 다른 국가들보다 세계 금융 위기에서 빨리 벗어났다. 기업 활동을 지원하기 위해서 레드 테이프 챌린지(Red Tape Challenge)를 실시했다. 레드 테이프 챌린지 프로그램은 불필요한 관료주의에 의해 중소기업 사업이 방해되지 않도록 규제를 완화하는 것이다.

가령 환경오염과 유해 폐기물에 대한 새로운 지침을 세우고, 30가지의 식품 규제를 17가지로 줄이고, 도로 규정에 관한 142개의 규제를 개선하고, 83가지에 달하는 항공 규제를 48가지로 줄이는 등의 규제 완화 정책이다.

뿐만 아니라 창업 기업에 대한 다양한 지원을 늘려서 사업 활성화에도 힘썼다.

2015년에는 강력한 경제 개혁안을 마련하기도 했다. 공공복지 비용을 추가로 삭감하고, 법인세와 상속세를 내렸다. 그리고 최저임금은 2008년 이래로 최고 상향 치인 3%로 조정해(인턴 사원의 경우 20%에 해당함) 시간당 6.70파운드로 올렸다. 이처럼 일반 시민의 궁핍 문제를 해결해 생산적인 복지로 전환하겠다는 의지를 정책으로 밀고 나간다.

캐머런 총리는 이민과 거주 이동에 따른 사회적 혼란을 극복하기 위해 '영국적 아시아인의 방향'을 설정한다. 이민 온 영국인들이 영국적 삶의 방식에 융합되기를 바라며, 이혼과 마약 등의 사회적 일탈을 조장하는 방향은 안 된다고 설득한다. 그러나 이민이나 거주 이동으로 정착 초기의 가난한 영국 시민들의 어려움은 런던 폭동(또는 잉글랜드 폭동)으로 드러난다.

2011년 8월 4일 런던 폭동은 런던 북쪽 토트넘에서 경찰의 총격에 4명의 자녀가 있는 29세 흑인 조직폭력배 마크 더건(Mark Duggan)이 사망하는 사건에서 비롯되었다. 경찰의 과잉 진압에 대한 저항 시위가 약탈과 방화 폭력 사태로 변했다. 경찰의 정당방위 총격이라는 주장이 허위로 드러나고, 기존에 존재해왔던 흑인과 경찰과의 갈등이 수면 위로 드러난 사건이다.

런던 폭동은 다른 흑인 거주 지역인 리버풀·버밍엄·맨체스터 등으로 번졌고, 대규모 경찰력이 투입되는 사태가 되었다. 박노자 교수가 영국 빈민의 반란이라고 칭하고 가난한 사람의 일탈과 반항이라고 평가했다가 논란을 빚기도 했다. 폭도들이 블랙베리 폰으로 약탈한 물건 사진을 웹에 올리고, 경찰의 추격을 따돌리는 용도로 사용한 것은 대담한 일탈의 사례였다.

폭력 사태 동안 영국 아마존에서는 호신용의 야구방망이 구입 가격이 5만 퍼센트 이상 급등하는 일도 있었다. 캐머런 총리와 고위 인사들이 여름휴가 중이었고, 복귀하지 않은 상황이었다. 그러나 경찰 진압이 실패하자 국가 비상사태로까지 번졌다. 런던 폭동으로 3,000명 이상이 체포되었고, 5명이 사망, 16명의 일반인이 부상했다. 186명의 경찰이 다쳤고 10억 파운드의 재산 피해를 일으킨 이민 관련 최악의 사건이었다.

보수당은 노동당의 공공복지에 기인한 과소비로 경제 위기가 왔고, 이로 인해 갑작스러운 긴축 재정이 가져온 최하층민의 폭동이라고 결론 내렸다. 반면 진보 언론과 노동당은 지금이라도 신자유주의 경제정책보다는 저소득층을 위한 복지 정책을 펼쳐야 한다고 맞섰다. 영국 사회의 내부적 갈등의 다양한 양상은 캐머런 총리에게 위기로 닥친다.

영국 정부는 런던 폭동에서 소셜 미디어가 폭동을 더욱 격렬하게 조장했다고 판단하고 소셜 미디어의 검열 계획을 발표했다. 11명당 1대의 CCTV(Closed-circuit television)가 있다고 보도될 정도로 CCTV를 가장 많이 설치해 사생활 침해가 영국의 사회적 쟁점이 되었는데, 게다가 소셜 미디어 검열을 한다고 하자 반대 여론이 거세졌다. 2013년 미국에서 프리즘 폭로[22] 사건이 터지고, 영국 정부통신 본부가 관여했다는 사실이 알려진다. 영국과 앵글로색슨족이 상류층을 구성하는 미국·캐나다·호주·뉴질랜드와 함께 다섯 개의 눈이 연합해 수집된 소셜 미디어 정보를 공유했다는 의혹이 사실로 드러났다. 그러자 사생활 침해에 대한 반감이 사회적 이슈로 떠오른다.

캐머런 총리의 개인적인 위기는 보다 사적인 영역의 관리 불찰에서 비롯된다. 2016년 조세 회피자를 조사하는데,「파나마 보고서」에서 변호사와 회계사 등 22명의 세금 역외 탈루 의혹을 조사한 내용을 밝혔다. 토리당의 몇 원로들과 캐머런 부친의 관련 의혹이 일어나자, 결백을 주장하기 위해 금융 기록을 공개했지만, 오히려 캐머런 총리가 두 차례의 10만 파운드(약 1억 6,200만 원)의 상속세를 미납했다는 것이 문제로 떠오른다.

런던 폭동과 사생활 침해, 그리고 탈세 의혹으로 진퇴양난을 맞게 된 데이비드 캐머런은 정치 생명에 위기가 닥치자, 이를 극복하기 위해서 영국의 유럽연합 탈퇴(브렉시트)를 두고 국민투표를 치르겠다고 밝힌다.

브렉시트

2016년 6월 23일, 영국의 유럽연합 탈퇴 여부에 관련한 국민투표에서 51.9%의 지지를 받으면서 브렉시트가 확정되었다. 데이비드 캐머런 총리는 유럽 잔류 결과를 예상하고 국민투표에 부쳤으나 예상치 못한 결과가 나오자 이에 책임을 지고 총리직에서 물러난다.

유럽연합 탈퇴 후 EU와의 협상은 새로운 총리가 맡아야 한다며 총리직에서 물러나고, 내무 장관이던 테리사 메이(Theresa May)가 차기 총리로 결정된다.

브렉시트를 찬성한 51.9%는 영국 의회 내 찬반의 혼란을 반영한 것이기도 하다. 보수당 내부에 유럽통합 회의주의자들과 극우주의자, 영국 독립당은 찬성하는 쪽이었다. 내각에 6명의 의원이 탈퇴로 노선을 바꾸었고, 대중적인 인기가 있었던 보리스 존슨(Boris johnson) 전 런던 시장이 탈퇴 진영으로 캐머런 총리의 반대편 선봉에 섰다. 이들은 영국이 유럽연합에 속하게 될 경우 지급해야 할 배당금과 규제를 부담스러워했으며, 이민·난민의 유입으로 영국이 손해를 보고 있다고 판단했다. 오히려 배당금 지급과 난민 유입에 드는 자금을 국내 경제에 재투자해 영국의 경제적 이익을 극대화하는 것이 낫다는 의견이 승리한 것이다.

특히 보수당 내의 전 런던 시장 보리스 존슨과 법무부 장관 마이클 고브(Michael Gove)가 브렉시트에 찬성하면서 여론도 같은 방향으로 기울었다. 이들은 EU가 규정한 환경·노동·행정 규제와 그리스 구제 금융 지원 문제에 대한 공동 책임을 완강히 반대했다. 보수당 내부 유럽통합 회의주의자들은 EU가 영국의 주권과 자율성을 제약한다고 주장했다. 또한 이들은 영국이 EU에 속해 있지 않은데도 EU 국가의 재정 위기에 대해서 1년에 110억 파운드의 구제 금융 지원금을 지급해야 하는 부담감에 대해서 공공연히 불만으로 드러냈다.

반면에 노동당·녹색당·자유민주당과 데이비드 캐머런이 속해 있는 보수당 내의 EU주의자는 브렉시트에 반대했다.

이들은 EU 내 각각의 국가 또는 국가적 정체성을 초월해 공통의 규범과 가치로 유럽을 하나로 통합하고 일체성을 높이는 생각에 기반을 두었다.

EU 회원국은 정치·경제적 통합을 강화하고, 유럽 단일화폐를 사용하며, 외교·안보·시민권 등의 분야에서 협력할 것을 마스트리흐트 조약에서 체결했다. 영국이 유럽과 관계에서 주요한 역할과 영향을 주고받았기 때문에, 데이비드 캐머런은 대다수 영국민도 브렉시트에 반대할 것이라고 오판했다.

브렉시트의 찬반 선택을 두고 영국 시민들의 세대·계층·지역별로 입장이 뚜렷이 갈렸다. 「가디언」의 여론조사에 따르면, 저소득층·저학력자·중장년층이 브렉시트를 찬성했고, 반면 고소득층·고학력층·젊은 층이 EU 잔류를 주장했다. 정당 지지층별로는 보수당의 경우 브렉시트와 EU 잔류가 5 대 5로 비슷했고, 노동당과 자민당의 경우 3 대 7 정도로 브렉시트를 반대했다. 다른 유럽 국가들과는 달리 영국은 노년층들의 우파 지지율이 높은데 브렉시트를 위한 국민투표에서 이들의 투표율이 매우 높았으므로, 브렉시트 찬성 결과가 나온 것으로 평가되었다. 정치적 불만족보다 최근 EU의 이민 유입과 거주 자유법에 의한 수백만의 이동 인구에 대한 두려움이 브렉시트 찬성 표를 던지게 한 원인으로 언론들은 평가했다.

영국은 다양한 국가정책으로 실업률이 낮은 편이지만, 최근 인구 유입이 증가하자 일반 시민이 과거에 겪었던 실업의 경험이 되살아났다. 이민자들의 저임금 노동으로 인해 급여 수준이 저하되거나 범죄 경력자를 걸러내는 장치 여부가 영국 시민에게는 민감한 사안이었다.

더구나 난민 할당제의 도입이 거론되자, 런던 폭동과 같은 갈등과 소요의 전례 때문에 불안감이 급증했으며, 외부인에 대한 반감으로 작용했다. 또한 영국 사회 엘리트층이 빠져나가면서 정치 지형이 보수화 및 우경화되었고, 영국은 여느 유럽 국가들과 다르다는 이질감의 표출이라는 평가도 있다. 브렉시트 여파로 인한 외교적·경제적인 손해를 감수하고라도 브렉시트에 찬성하는 의견이 평범한 영국 유권자들의 과반수가 넘은 것이다.

더구나 EU는 산업체나 생산자가 지켜야 할 안전·노동·환경·자원 규제가 까다롭고 복잡해서 생산자와 자본가들이 EU에 반대하는 입장이었다. 브렉시트를 찬성하는 입장에서는 이러한 규제 때문에 영국 산업이 피해를 받고 있다고 보았다. 탈퇴할 경우 일괄적인 규제에서 자유로운 생산과 자본의 흐름이 있을 것이라는 기대가 있었다. 뿐만 아니라 정치·사회·경제적 문제로 EU가 비판하거나 규제를 가하는 영연방 국가들과의 협력 체계에서도 자유로울 수 있다는 판단도 브렉시트 찬성의 원인이었다. 국민투표 이전에 있었던 여론조사에서는 사실 EU 잔류가 높게 나왔다. 그러나 여론조사에 응하지 않았던 샤이 보수층(Shy Tory)이 있을 것이라는 예상 때문에 캐머런 총리는 국민투표에 부쳤던 것이다. 하지만 예상을 뒤엎고 국민 찬반투표 결과는 브렉시트 찬성으로 결론났고 캐머런은 이에 책임 지고 물러났다.

영국의 계급주의 의식

영국은 여전히 계급주의 의식이 모호하게 존재하는 사회이다. 최상층에 군주가 있고, 정치적으로 영국 의회에는 왕족·세습 귀족·종신 귀족·영국 국교회의 대주교 및 주교 등 상류계급 출신으로 구성된 상원 의원이 있고, 상위계급과 일반인을 대변하는 하원 의원이 나뉘어 존재한다.

근대화로 산업이 발달하자 토지 소유자·부유한 지주나 법률가·개업 의사 등 전문적인 직업인·부유한 상인 등과 같은 젠트리의 상위를 차지하는 새로운 계급이 생겼다. 산업화 이후 19세기까지도 상중하의 세 계층으로 나뉘어 상층에는 교수·의사·법률가·문필가·예술가, 관청이나 기업의 상급

직원·노동조합 임원 등이 속했고, 하층에는 일반 공무원과 회사원, 공교육의 일반 교직원·소매상 등이 속했으며, 중층에는 그 중간 지위에 있는 사람들이 속했다. 하류계급은 광공업·농업·어업·수송업·서비스업 등의 노동자와 판매원·포터·급사 등이 속했다. 영국의 계급은 세습되었고, 계급 간의 이동이 적은 편이었다. 각 계급 사이에서는 사교와 혼인의 범위, 생활 관습과 거주 지역, 유희와 스포츠 종류까지도 달랐다.

산업혁명 영향으로 출생 이외에 요소(예를 들면 교육·부·직업)들이 추가되어 계급의 정체성은 지속해서 변화해왔지만 계급의식은 사회구조의 내면에 깊이 존재해왔다. 제2차 세계대전 이후, 교육의 확대와 주택 소유권, 서비스 중심의 사회적 변화, 대량 이민, 여성 지위의 변화, 개인주의적 문화로 인해서 계급의 양상은 크게 변했다.

그런데도 여전히 계급이 없어진 것은 아니다. 20세기에 와서 NRS(National Readership Survey)의 사회계층 분류는 직업을 중심으로 이루어졌다. 이 분류는 6개의 계층으로 A(최상위), B(중간 행정 경영 그룹), C1(감독 행정 전문가 그룹), C2(숙련 기술 육체 노동자), D(반숙련 육체 노동자), E(최하층 연금 수혜자)로 구분했다. 2001년에도 ONS(Office of National Statistics)는 고용 여부와 형태에 따라서 그리고 경영이나 기술 유무, 직업

유무에 의해서 구분해 8개 계층으로 나눴다.[23]

영국 사회는 오랫동안 세습 받은 계급의 영향을 받았고, 오늘날에도 여전히 계급의식이 모호하게나마 영국 사회에 영향을 끼치고 있다. 거기에 미묘한 인종차별과 성적 불평등이 더해져 있다. 변할 수 없는 출신 배경과 그에 파생되는 인맥에 따라 상하 유동이 차단되는 영국 사회의 모순이 잉글랜드 폭동의 원인이었다고 보는 견해도 있다. 캐머런 연정 내각 집권에서 부총리였던 닉 클레그가 2011년 4월 정부의 사회 유동 전략을 발표한 것도 이러한 배경 때문이다. 즉 모든 사람이 탄생 배경과 상관없이 잠재력을 펼칠 공정한 기회를 갖도록 하는 새로운 전략 정책이었다.

2013년 4월, 새로운 통계 조사에 의해서 상류층·중산층·노동자 계급 정도가 여전히 존재하는 것으로 인식되었다. 「BBC」의 통계조사에 따르면, 21세기에도 여전히 영국은 계급에 대해서 민감하다. 16만 1천 명을 대상으로 한 온라인 설문 조사 결과 총 7개의 계급은 엘리트·견고한 중산층·기술 중산층·신흥 부유 노동계급·전통적 노동계급·신흥 서비스 노동계급·프레카리아트(Precariat: 불안정 노동계급)로 나눴다.[24] 정경대학(LSE)의 마이크 새비지(Mike Savage) 교수는 출신 계급에 의해서 연봉이 다를 가능성, 높은 자질을 이어받을 가능성, 인맥의 가능성이 사회에서 자신감이나 불안감으로 이어질 수 있음을 지적했다.

현대 영국 사회에서는 출신 배경이나 부와 교육 이외에 부가적 요소로 취미와 같은 문화적 동질감이나 인맥 등을 통해 사회적 혜택을 누릴 수 있는가가 계급을 느끼게 만드는 민감한 심리 요인이 되었다.

영국 왕실의 위기

　1990년대에 왕실에서 연이어 이혼과 염문, 추문으로 스캔들이 생기자 영국 왕실의 명예는 심각하게 실추된다. 1992년 앤 공주의 이혼과 재혼, 1996년 둘째 요크 공작인 앤드루의 별거와 이혼, 같은 해, 찰스 황태자와 다이애나의 이혼과 이듬해 1997년 다이애나 스펜서의 비극적인 죽음으로 영국 왕실의 위기는 절정에 달했다. 왕실에 복종하지 않았던 다이애나 스펜서의 죽음에 대해서 영국 왕실은 전통을 내세우며 싸늘한 반응을 보였다. 다이애나를 지지하던 영국인이 크게 분노하자, 뒤늦게 왕실 전통의 장례식을 치른다.

　영국 왕실의 존폐 논란은 1992년 윈저궁에 화재가 발생했을 때 또다시 일어났다. 화재 진압으로 뿌린 물을 말리는 데 10년이 걸리고, 건물 복구에 3,550만 파운드의 비용이 든다는 발표가 나자 논란이 일기 시작했다. 윈저궁을 복구하기 위한 국가 예산의 배정 문제가 쟁점이 되었을 때 영국 왕실 존폐에 대한 논란이 다시 거론되었다. 1993년 복구비의 70%를 버킹엄궁 입장료로 충당하겠다는 발표를 했다. 그리고 이때부터 여왕이 소득세를 내기 시작해 민심을 수습한다.

왕정 폐지론자의 주장은 실용주의적 관점에서 비롯된 것이다. 민주주의 시대에 걸맞지 않은 세습 왕정의 모순과 왕실의 특권, 왕실 관리를 위한 과도한 세금 사용 때문이다. 예를 들어 1999년 회계연도에는 엘리자베스 2세의 영연방 국가 순방에 930만 파운드(약 176억 원)의 경비가 소요되었다. 또한 왕실 관리비와 인건비 등으로 1,500만 파운드(285억 원), 엘리자베스 2세의 남편 필립 공과 101세가 된 여왕의 어머니에게도 공식 업무 수행의 지원비 명목으로 50만 파운드가 매년 지급되는 등, 연간 약 3,570만 파운드의 예산을 쓴다고 발표되었기 때문이다.

그러나 2014~15년 영연방 왕실 그랜트 「연차 보고서」로 논란이 일축된다. 앨런 레이드 경(Sir Alen Reid)은 왕실의 존재에 대해서 영국 시민 한 명이 1인당 2014년에는 56펜스, 2016년에는 62펜스를 소비했을 뿐이라고 발표했다.

56~62펜스의 가치보다 왕실의 존재는 더 많은 가치를 창출하고 있다고 주장했다. 영국민들은 왕실 존재를 위해서 1인당 비용이 예상보다 적은 것에 안도했다.

왕정 지지자들은 영국 왕정이 영국의 가장 오래된 정부 기구이며, 영연방 국가 통합의 상징적 위치임을 강조한다. 영국 정부의 공식 명칭이 '여왕 폐하의 정부'이고, 해군은 '왕실 해군'으로 불릴 만큼 영국 내각은 영국 왕정과 더불어 역사적 과정에서 함께 존재하고 발전했으므로, 영국 왕정의 의례와 관습, 명칭과 권위가 사회 곳곳에 영향을 미치고 있기 때문이다.

토니 블레어 총리가 열렬한 왕정 지지자였고 대다수의 보수당 의원은 왕정 지지자이다. 노동당의 케빈 맥나마라(Kevin McNamara) 의원이 성공회 신자만이 왕위를 계승할 수 있도록 하는 법을 개정해야 한다는 의견을 제기했지만, 왕실 폐지에 대한 실제적 공개 거론이 금지되었다.

한편, 2001년 「가디언」지는 1848년 활자화된 왕정 폐지 주장이 반란죄에 해당한다고 판단하는 반란법이 개정되어야 한다는 논란을 일으키기도 했다. 영국 언론지 중에 「가디언」과 「옵서버」 「인디펜던트」는 공개적으로 왕실 폐지를 찬성한다. 그러나 2013년 보수 일간지 「데일리 텔레그래프」의 설문 조사에서는 53%가 영국 왕실이 없었다면 영국이 더 나

빠졌을 것이라고 대답했고 14%만이 더 좋아졌을 것이라고 응답했으며, 43%가 왕실이 소요 경비만큼의 가치를 갖고 있다고 응답했으며, 40%가 이에 동의하지 않았다고 발표했다.

영국 왕실에 대한 지지도는 일반적으로 높은 편이지만 변화무쌍하다. 2005년에 찰스 왕세자가 커밀라 파커 볼스(Camilla Parker Bowles)와 재혼하자 여론조사의 지지율은 65%까지 떨어졌다가, 2009년에는 76%까지 올랐다. 2011년 2월 조사에선 13%가 찰스 왕세자의 왕위 계승을 반대했고, 엘리자베스 2세의 사후에 영국 왕실의 폐지에 찬성하는 것으로 답했다.

그러나 같은 해에 윌리엄 아서 필립 루이스(William Arthur Philip Louis) 왕세손의 결혼식이 열리자 26%만이 왕정 폐지에 찬성했다. 그러나 다음 해인 2012년 여왕의 즉위 60주년에는 왕실 지지도가 80%로 회복될 정도로 엘리자베스 2세에 대한 지지도는 높은 편이다.

엘리자베스 2세는 "다이애나의 삶과 죽음에 대해 놀랍고 가슴 뭉클한 국민의 반응에서 왕실이 배울 교훈이 있다"는 침착한 대국민 성명을 발표한 뒤 자중의 시기를 거치면서 위기를 극복했다.

엘리자베스 2세의 집권 동안 거쳐 간 총리가 윈스턴 처칠에서 데이비드 캐머런까지 12명에 이른다. 영국의 입헌군주제는 존폐 논란은 지속되었지만, 실용주의에 위배되지 않는 한 국가적 정체성의 상징적 역할을 한다고 평가하는 것이다.

테리사 메이 총리

2016년 7월, 브렉시트에 대한 국민투표 후 데이비드 캐머런 총리가 사임했고, 그 후 실시된 보수당 1차 경선에서 테리사 메이는 165인의 표를 얻었다. 영국 에너지 차관인 앤드리아 재클린 레드섬(Andrea Jacqueline Leadsom)이 보수당 대표 경선을 포기하자, 하원 의원 10%의 지지로 테리사 메이가 보수당 대표가 되고, 여성으로서 마거릿 대처 이후 두 번째 총리가 된다.

서식스주 이스트본에서 태어난 테리사 메이는 옥스퍼드 대학교에서 지리학을 전공하고, 1997년 메이든헤드 (Maidenhead) 지역의 국회의원으로 당선되어 의회에 입성했다. 2010년 총선 이후 캐머런 총리의 연립내각에서 내무 장관과 여성 평등 차관을 맡았다. 자유 보수주의적 성향을 띤 메이는 2015년 내무 장관으로 있으면서 경찰 개혁, 마약 정책, 이민에 제한을 두는 강경 보수 노선의 정책을 펼쳤다. 메이는 유럽연합 잔류에 찬성했지만, 2016년 브렉시트 투표 결과에 대해서는 2차 투표 없이 국민투표 결과를 수용하기로 한다.

브렉시트의 가장 큰 원인 중 하나였던 이민 숫자 급증의 두려움에 대해 수긍했고 유럽에서 유입되는 이민 통제의 필요성에 동의했던 것이다.

메이 총리는 보수당을 중심으로 잉글랜드·스코틀랜드·웨일스·북아일랜드의 연합주의와 당내의 재통합을 강조하면서, 캐머런 내각의 장관 구성과는 달리 브렉시트 지지파와 잔류파로 혼합해 내각을 구성한다. EU 탈퇴 협상과 이에 따른 여파를 해결하기 위해서 국제 통상부와 브렉시트부를 신설하고, 전면적인 내각 개편을 한다.

총리 인수 과정에서 메이 총리는 브렉시트 찬성파와 반대파를 골고루 임명했다. 우선 브렉시트 찬성파인 보리스 존슨을 영연방 외교 장관에, 유럽과 북대서양조약기구 확대 협상을 주도한 브렉시트 찬성파인 데이비드 데이비스를 신설 장관직인 브렉시트 장관에 임명했다. 재정 정책에서 긴축 강경파인 필립 해먼드(Philip Hammond)를 재무 장관에 임명했다. EU 강경 잔류파인 앰버 러드(Amber Rudd)를 내무 장관에, 영국 국방부 장관을 지냈고 브렉시트를 지지했던 리암 폭스(Liam Fox)를 국제무역 장관으로 임명했고, EU 잔류파이고 대처의 총리 사임을 만류했던 마이클 팰런(Michael Fallon)을 국방부 장관에 임명했다. 법무 장관으로는 EU 잔류파인 리즈 트러스(Liz Truss)가 내정되어 "천 년 역사상 최초의 여성 대법관"이 되었다. 에너지 차관을 역임하고 보수당 경선에서 경쟁했던 브렉시트 지지파인 안드레아 레드섬(Andrea Leadsom)은 환경 식품 농림 장관으로, 북아일랜드 장관으로 테리사 빌러스 의원이 내정되었으나 본인의 사임으로 EU 잔류파인 제임스 브로큰 쉬어(James Broken Shire)가 임명되었다.

메이 총리에 대해서 「파이낸셜 타임스」(2016)는 '이민 정책에 대해서 강경한 실용주의적 개혁가'로 보도했고, 「가디언」지는 '혼합된 정치 방향을 띤 자유주의적 중도 현대화 주의자'로 평가했다. 메이 총리는 자칭 진보적 보수파로 이데올로기보다 실용적인 방향의 정책과 양극화 현상을 해소하기 위한 정책을 추구하면서 '노동자를 위한 보수당'을 선언했다. 그러나 여전히 노동자의 복지에 대해서 진정성을 가질 필요가 있다는 평가는 남아 있다.

1. 마우마우 반란으로 마우마우 측에는 11,503명의 사상자가 발생했고 백
   인 이주민 95명과 친영파 케냐인 1,920명이 사망했다(『아프리카의 운
   명』, 2014). 2013년 영국은 식민 시절 잔혹 행위로 반란 처벌을 받았던
   5,000명에게 2,000만 파운드(340억 원)를 보상하기로 한다(「Chosun.
   com」, 2013).

2. 비교적 작은 주택을 휴양을 위해 임대해주는 곳. 침대와 영국식 아침 식사
   를 제공하는 곳이 있어 B&B라고 외부에 광고를 내걸기도 한다.

3. 필립 라킨(Philip Larkin)은 자신이 쓴 시 「놀라운 경이(Annus Mirabilis)」
   에서 영국에서 섹스가 발명된 해로 1963년을 지적했다. 시인은 런던을 둘
   러싼 문화적·정치적 사건에 대해, 많은 것이 허용되는 듯한 사회적 현상
   을 언급한다.

4. 이튼 컬리지(Eton Collage)는 영국 최고의 명문 학교로 1440년 개교 이래
   수많은 재계·정계 유명 인사와 영국 왕실 귀족이 졸업한 특권 귀족층 학

교이다. 12세에서 18세의 남학생만 입학할 수 있으며 중학교 2학년 과정
부터 고 3까지 과정을 이수하는 1,200명 수용 규모의 기숙사 학교이다. 토
니 블레어, 데이비드 캐머런 등 역대 총리만 20여 명을 배출했고, 1년 학
비가 3,500만 원이 넘는다. 또한 올더스 헉슬리, 조지 오웰, 경제학자 케인
스가 이곳 출신이고 찰스 왕세자의 아들 윌리엄, 해리 왕자가 졸업한 학교
이기도 하다(위키백과 참조).

5. 레임덕(Lame Duck)은 현직 대통령의 임기 만료를 앞두고 일종의 권력 누
   수 현상이다. 즉 대통령이나 총리의 권위나 명령이 시행되지 않아 국정에
   차질이 생기는 임기 말 증후군이다. 오리가 기우뚱거리며 걷는 모습을 비
   유하는 말이다(위키백과 참조).

6. 가이아 이론(Gaia theory)은 영국의 과학자 러브록이 1978년 그의 저서
   『지구상의 생명을 보는 새로운 관점』에 소개한 가설이다. 지구가 기체에
   둘러싸인 암석 덩이가 아니라 하나의 생명체이자 유기체라고 주장한다
   (위키백과 참조).

7. '불만의 겨울'은 캘러헌 총리가 1978~79년의 산업과 사회 혼란을 묘사한
   셰익스피어의 인용 구절이다. 학교는 문을 닫고, 거리에 쓰레기가 부패해
   썩어가고, 죽은 사람이 묻히지 못하는 상황으로 노조 참여자·상점 노동
   자 등 각각 개인의 행동이 무자비하고 무정했다는 것을 표현한 것이다. 보
   수 언론 매체는 노동당에 책임을 넘기면서, 노동당의 집권이 끝나기를 바
   랄 때, 캘러헌 내각이 책임이라는 기사와 함께 '불만의 겨울'을 인용한다
   (Andrew Marr, *The history of Modern Britain*, 2017, p.373).

8. 1834년 로버트 필이 토리당의 현대화를 위해 창당했던 보수당은, 중도우
   파가 연합한 당이었다. 마거릿 대처는 이 당에 소속되어 있었다.

9. 스태그플레이션은 인플레이션으로 물가가 올라가고 실직이 늘어나는
   동시에 경기가 후퇴되는 것을 말한다. 총 공급량이 줄면 물가가 오르
   고 GDP가 떨어지며 투자 위축이 발생해 실업률이 올라간다. 1987년 제
   2차 석유파동으로 1981년 원윳값이 최고에 이르자(두바이유 39달러), 원
   유 공급가가 급등하면서 전반적으로 인플레이션이 발생했고, 인플레이
   션과 경기 침체가 함께 오면서 실업률이 높아진 경우였다(「매일경제」,
   2000.09.01.;「머니투데이」, 2004.05.24. 참조).

10. 유고슬라비아 연방의 해체는 유고슬라비아가 8개의 나라로 쪼개져 분열
    된 사건을 말한다. 유고슬라비아 위기는 1989년 서구 유럽 공산주의 붕
    괴에서 비롯된 도미노 붕괴 현상이다. 1989년 유고슬라비아 대통령인 슬
    로보단 밀로세비치(Slobodan Milosevic)는 공산주의 붕괴 후, 공산주의
    지도자에서 극단주의적인 세르비안 민족주의자로 변해 인접한 보스니아
    를 점령하고(보스니아 내전), 코소보 지방에 있는 알바니아 소수 민족에
    게 폭력적인 인종 청소를 감행한다(코소보 사태).

11. 허니문 효과(Honeymoon Effect)란 브루스 립튼(Bruce Lipton)에 따르
    면 평생에 가장 행복한 신혼여행 기간의 심리적 상태를 말한다. 활력 넘
    치고 기쁘고 행복하지만, 너무도 짧다는 데 포인트가 있다.

12. 두 번째 사랑의 여름(second summer of lover)은 1988년과 1989년 빠
    른 비트 음악의 한 장르인 애시드 하우스(Acid House)에서 출발해 클럽

등에서 전자음악에 맞추어 춤을 추는 레이브 파티(rave party)가 영국 젊은 층에 유행했다. 일렉트로닉 댄스 음악과 마약의 일종인 엑스터시와 LSD(Lysergic Acid Diethylamide)가 광범위하게 보급되었다. 1967년 샌프란시스코에서 록 음악의 유행과 함께 등장했던 '사랑의 여름(summer of love)'의 쾌락주의적이고 자유 방임주의적인 측면을 이어받았다(위키백과 참조).

13. 제3의 길은 영국 사회주의 학자이며, 런던 정경대(LSE) 교수인 앤서니 기든스의 저서 『제3의 길』에서 비롯된 용어다. 이는 사회주의의 경직성과 자본주의의 불평등을 극복하고 사회 민주주의를 복원하기 위해 사회 경제적 변화, 그리고 국가와 시민사회의 관계에서 변해야 한다고 제시한다(Naver 지식백과 참조).

14. 그라피티(Graffiti)는 이탈리아어로 '낙서'라는 뜻이다. 낙서가 무허가일 경우 그라피티라고 하고, 허가를 받았을 경우 뮤럴(Mural)이라고 한다. 락카, 스프레이, 페인트 등을 사용해 공공장소의 벽에 무단으로 그림을 그리거나 글자 및 기타 흔적을 남겨 타인의 재산권을 무단으로 훼손하는 범죄의 한 종류다. 반달리즘(Vandalism: 정부 및 공공에 대한 적대성)적 요소가 있으며, 경범죄 처벌법상 광고물 무단 부착의 규정으로 처벌 대상이 되고 물건의 가치를 훼손한 것으로 민형사상 손해배상까지 청구될 수 있다(위키백과 참조).

15. 사담 후세인(1937~2006)은 1968년 이라크에서 권력을 장악해 1979년부터 독재자로 군림했다. 1980년대 이란에 대한 오랜 전쟁을 일으켰으며,

1990년 쿠웨이트를 침공해 제1차 걸프전을 도발했다. 제2차 걸프전에서 2003년 그의 정권은 전복되고 2006년 새 이라크 정부에서 사형된다.

16. 「칠콧 보고서」는 영국 총리 고든 브라운이 실시한 이라크 참전 결정의 타당성 조사였다. 이라크 조사 위원회가 소집되어 위원장인 존 칠콧 경(Sir. John Chilcot)이 7년 동안 공개 조사를 했고 최종 보고서는 260만 단어, 총 12권으로 마무리되었다. 이라크 전쟁이 불법 침공으로 영국 외교 정책의 실패이고, 이에 토니 블레어가 책임이 있다는 것으로 결론지었다.

17. 그림자 내각(Shadow Cabinet)은 영국식 웨스트민스트 체제로 의원 내각제에서 제1야당 소속의 당원이 구성하는 부차적 내각이다. 여당 내각의 정책과 정치 활동을 검사·견제하고, 내각의 정책과 의원의 행동을 비판하고 여당에 대안을 제시하는 것이다(위키백과 참조).

18. 2009년 자동차 폐기 인센티브 정책은 미국과 독일 정부가 시행했던 유사한 조치로, 유럽 자동차 시장의 판매 슬럼프를 역전시키고 경제 활성화를 꾀한 사례가 있었다. 「BBC」는 수요를 증가시키기 위한 지속적인 장려책이 있어야 자동차 세일과 제조업종을 구할 수 있고 경제 회복에 영향을 줄 수 있다고 보도했다(「BBC」, 2009.09.28.).

19. 총선에서 어느 정당도 과반수를 차지하지 못하는 의회를 헝 의회라고 한다. 헝 의회는 두 번째 다수당과 연정을 해 집권하는데 이 용어는 1974년 영국 일간지 「가디언」이 '매달린 것 같은 불안한 의회'라고 비유했다(「한국경제」, 2010).

20. 데이비드 캐머런은 총리직에 있으면서 남성 출산휴가를 사용할 만큼 젊

은 세대의 생각을 갖고 있다. 영국에서조차 육아는 여성의 것이라는 생각 때문에 데이비드 캐머런 총리가 남성 출산휴가를 사용한 것은 신선한 변화로 보였다(「BBC」, 2010.08.).

21. 이전 보수당 대처 시절에 대처 총리가 7~11세 아동에 대한 우유 무상 공급을 폐지하고 밀크 도둑이라는 비난을 받은 후 두 번째 사건이다.

22. 프리즘(PRISM: surveillance program) 사건은 CIA 하청업자였던 에드워드 스노든(Edward Snowden)이 2013년 6월 미국 국가 정보부(NSA: National Security Agency)가 수천만의 미국 시민의 전화를 감청 녹음하고 인터넷 정보, 소셜 미디어 메시지를 수집 저장한다는 광범위한 스파이 프로젝트를 폭로한 사건이다. 프리즘 프로젝트는 9·11 테러에서 블랙리스트에 있던 테러 위험인물 이외에도 불순분자의 테러 위험을 사전 감시하기 위한 미국 국가 정보부의 광범위한 개인정보를 수집했다(「BBC」, 2014.02.).

23. NRS는 1956년에 설립되어 인쇄 출판문화와 디지털 출판에 관련해 필요한 통계조사를 공급해왔다.

24. 영국 일간 「텔레그래프」지는 런던 정경대학의 마이크 새비지 교수가 최근에 발간한 『21세기 사회 계급(Social Class in the 21st Century)』을 소개했다. 새비지 교수는 영국 사회 계급을 7개의 계급으로 분류하고, 부와 직업, 교육 정도가 아니라, 현대사회 구조에 맞게 경제 자본(수입과 자산), 사회적 자본(37개의 직업군과 인맥 구성), 문화적 자본(27개 문화적 활동과 관심사)을 기준으로 삼았다. 결과적으로 돈과 인맥, 비대중적인 문화

적 관심사를 가진 최상류의 '엘리트(elite)'와 돈과 연줄이 없고 대중적 문화적 관심사도 적은 '프레카리아트'까지의 현대적 계급 구분은 출신 배경에 따른 돈과 인맥, 문화적 관심을 가질 수 있는 여유와 종류로 계급의 상하를 파악하고 있는 것으로 나타났다(「텔레그래프」, 2015.12.).

참고문헌

메러디스 마틴, 이순희 옮김, 『아프리카의 운명』, 휴머니스트, 2014.

주크스 제프리·콜리어 폴 외 다수, 강민수 옮김, 『제2차 세계대전』, 플래닛미

디어, 2008, 영문판 2004.

클리프 토니, 이나라·정진희 옮김, 『여성 해방과 혁명—영국 혁명부터 현대

까지』, 책갈피, 2008.

Fox, Kate, *Watching the English*, London: Hodder & Stoughton, 2004.

Wasson, E., *A History of Modern Britain*, West Sussex: John Wiley & Sons

Ltd., 2016.

"고든 브라운 영국 총리 1만 200파운드 반납", 「한국경제」, 2009.10.13.

"과거 오일쇼크 때 금리 얼마나 올랐나", 「머니투데이」, 2004.05.24.

"반환 20년 홍콩의 내면", 「조선 오피니언」, 2017.07.04.

"영·미 1961년 중국 핵공격 논의", 「한겨레」, 2016.07.01.

"영국, 1950년대 식민시절 반란 처벌을 받았던 케냐인 5,000여 명에게 340억

원 보상하기로", 「Chosun.com 국제」, 2013.06.06.

"유가인상 70년대 오일쇼크 상황 닮아간다", 「매일경제」, 2000.09.01.

"200년 만에 최연소 총리 캐머런… '영국病'치유할까", 「한국경제」,

   2010.05.14.

"캐머런 英총리, '파나마 추문' 해명하다 되레 상속세 논란", 「연합뉴스」,

   2016.04.10.

"후세인, 임박한 위협 아니었다", 「동아일보」, 2016.7.07.

프랑스엔 〈크세주〉, 일본엔 〈이와나미 문고〉, 한국에는 〈살림지식총서〉가 있습니다.

전통과 보수의 나라 영국 3

영국 현대

펴낸날	초판 1쇄 2018년 11월 15일

지은이	**김언조**
펴낸이	**심만수**
펴낸곳	**(주)살림출판사**
출판등록	1989년 11월 1일 제9-210호

주소	경기도 파주시 광인사길 30
전화	031-955-1350 팩스 031-624-1356
홈페이지	http://www.sallimbooks.com
이메일	book@sallimbooks.com

ISBN	978-89-522-3997-6 04080
	978-89-522-0096-9 04080 (세트)

※ 값은 뒤표지에 있습니다.
※ 잘못 만들어진 책은 구입하신 서점에서 바꾸어 드립니다.

이 도서의 국립중앙도서관 출판시도서목록(CIP)은 서지정보유통지원시스템 홈페이지
(http://seoji.nl.go.kr)와 국가자료공동목록시스템(http://www.nl.go.kr/kolisnet)에서
이용하실 수 있습니다.(CIP제어번호: CIP2018034992)

책임편집·교정교열 **최문용**

085 책과 세계

강유원(철학자)

책이라는 텍스트는 본래 세계라는 맥락에서 생겨났다. 인류가 남긴 고전의 중요성은 바로 우리가 가 볼 수 없는 세계를 글자라는 매개를 통해서 우리에게 생생하게 전해 주는 것이다. 이 책은 역사라는 시간과 지상이라고 하는 공간 속에 나타났던 텍스트를 통해 고전에 담겨진 사회와 사상을 드러내려 한다.

056 중국의 고구려사 왜곡   eBook

최광식(고려대 한국사학과 교수)

중국의 고구려사 왜곡의 숨은 의도와 논리, 그리고 우리의 대응 방안을 다뤘다. 저자는 동북공정이 국가 차원에서 진행되는 정치적 프로젝트임을 치밀하게 증언한다. 경제적 목적과 영토 확장의 이해관계 등이 복잡하게 얽혀 있는 동북공정의 진정한 배경에 대한 설명, 고구려의 역사적 정체성에 대한 문제, 고구려사 왜곡에 대한 우리의 대처방법 등이 소개된다.

291 프랑스 혁명   eBook

서정복(충남대 사학과 교수)

프랑스 혁명은 시민혁명의 모델이자 근대 시민국가 탄생의 상징이지만, 그 실상을 아는 사람은 많지 않다. 프랑스 혁명이 바스티유 습격 이전에 이미 시작되었으며, 자유와 평등 그리고 공화정의 꽃을 피기 위해 너무 많은 피를 흘렸고, 혁명의 과정에서 해방과 공포가 엇갈리고 있었다는 등의 이야기를 통해 프랑스 혁명의 실상을 소개한다.

139 신용하 교수의 독도 이야기   eBook

신용하(백범학술원 원장)

사학계의 원로이자 독도 관련 연구의 대가인 신용하 교수가 일본의 독도 영토 편입문제를 걱정하며 일반 독자가 읽기 쉽게 쓴 책. 저자는 역사적으로나 국제법상으로 실효적 점유상으로나, 어느 측면에서 보아도 독도는 명백하게 우리 땅이라고 주장하며 여러 가지 역사적인 자료를 제시한다.

144 페르시아 문화

신규섭(한국외대 연구교수)

인류 최초 문명의 뿌리에서 뻗어 나와 아랍을 넘어 중국, 인도와 파키스탄, 심지어 그리스에까지 흔적을 남긴 페르시아 문화에 대한 개론서. 이 책은 오랫동안 베일에 가려 있던 페르시아 문명을 소개하여 이슬람에 대한 편견과 오해를 바로 잡는다. 이태백이 이란계였다는 사실, 돈황과 서역, 이란의 현대 문화 등이 서술된다.

086 유럽왕실의 탄생

김현수(단국대 역사학과 교수)

인류에게 '예술과 문명' 그리고 '근대와 국가'라는 개념을 선사한 유럽왕실. 유럽왕실의 탄생배경과 그 정체성은 무엇인가? 이 책은 게르만의 한 종족인 프랑크족과 메로빙거 왕조, 프랑스의 카페 왕조, 독일의 작센 왕조, 잉글랜드의 웨섹스 왕조 등 수많은 왕조의 출현과 쇠퇴를 통해 유럽 역사의 변천을 소개한다.

016 이슬람 문화

이희수(한양대 문화인류학과 교수)

이슬람교와 무슬림의 삶, 테러와 팔레스타인 문제 등 이슬람 문화 전반을 다룬 책. 저자는 그들의 멋과 가치관을 흥미롭게 설명하면서 한편으로 오해와 편견에 사로잡혀 있던 시각의 일대 전환을 요구한다. 이슬람교와 기독교의 관계, 무슬림의 삶과 낭만, 이슬람 원리주의와 지하드의 실상, 팔레스타인 분할 과정 등의 내용이 소개된다.

100 여행 이야기

이진홍(한국외대 강사)

이 책은 여행의 본질 위를 '길거리의 철학자'처럼 편안하게 소요한다. 먼저 여행의 역사를 더듬어 봄으로써 여행이 어떻게 인류 역사의 형성과 같이해 왔는지를 생각하고, 다음으로 여행의 사회학적·심리학적 의미를 추적함으로써 여행에 어떤 의미를 부여할 것인가에 대해 말한다. 또한 우리의 내면과 여행의 관계 정의를 시도한다.

293 문화대혁명 중국 현대사의 트라우마

백승욱(중앙대 사회학과 교수)

중국의 문화대혁명은 한두 줄의 정부 공식 입장을 통해 정리될 수 없는 중대한 사건이다. 20세기 중국의 모든 모순은 사실 문화대혁명 시기에 집약되어 있다고 해도 과언이 아니다. 사회주의 시기의 국가 · 당 · 대중의 모순이라는 문제의 복판에서 문화대혁명을 다시 읽을 필요가 있는 지금, 이 책은 문화대혁명에 대한 안내자가 될 것이다.

174 정치의 원형을 찾아서

최자영(부산외국어대학교 HK교수)

인류가 걸어온 모든 정치체제들을 매우 짧은 기간 동안 시험하고 정비한 나라, 그리스. 이 책은 과두정, 민주정, 참주정 등 고대 그리스의 정치사를 추적하고, 정치가들의 파란만장한 일화 등을 소개하고 있다. 특히 이 책의 저자는 아테네인들이 추구했던 정치방법이 오늘 우리 사회가 당면한 문제를 해결할 수 있는 지혜의 발견에 도움을 줄 수 있을 것이라고 말한다.

420 위대한 도서관 건축순례

최정태(부산대학교 명예교수)

이 책은 도서관의 건축을 중심으로 다룬 일종의 기행문이다. 고대 도서관에서부터 21세기에 완공된 최첨단 도서관까지, 필자는 가능한 많은 도서관을 직접 찾아보려고 애썼다. 미처 방문하지 못한 도서관에 대해서는 문헌과 그림 등 가능한 많은 정보를 수집하려 노력했다. 필자의 단상들을 함께 읽는 동안 우리 사회에서 도서관이 차지하는 의미에 대해 다시 생각하게 된다.

421 아름다운 도서관 오디세이

최정태(부산대학교 명예교수)

이 책은 문헌정보학과에서 자료 조직을 공부하고 평생을 도서관에 몸담았던 한 도서관 애찬가의 고백이다. 필자는 퇴임 후 지금까지 도서관을 돌아다니면서 직접 보고 배운 것이 40여 년 동안 강단과 현장에서 보고 얻은 이야기보다 훨씬 많았다고 말한다. '세계 도서관 여행 가이드'라 불러도 손색없을 만큼 풍부하고 다채로운 내용이 이 한 권에 담겼다.

역사·문명

㈜살림출판사
www.sallimbooks.com
주소 경기도 파주시 문발동 522-1 | 전화 031-955-1350 | 팩스 031-955-1355